Dieu Est Dans Mon Coeur

Suivez la Loi de la Créativité

Jean-Jacques Trifault

Dieu Est Dans Mon Coeur

Suivez la Loi de la Créativité

Jean-Jacques Trifault

Footsteps to Wisdom Publishing

DIEU EST DANS MON COEUR
SUIVEZ LA LOI DE LA CREAIVITE

Footsteps to Wisdom Publishing

Traduit de l'anglais par Joelle Bliksas
Conception de Couverture: Katarzyna Krawczyk

D'Autres Titres

Everything is a Gift
Tout Est Un Don
God is in My Heart
Gratitude to the Creation
An Open Heart Comes from an Open Mind
Can We Be the Gift for Someone?

ISBN-13: 978-0-9797877-7-5
ISBN-10: 0-9797877-7-7

www.footstepstowisdom.org

table des matieres:

Dieu Est Dans Mon Coeur

Comment se porte Dieu ?

Peu de personnes posent cette question, n'est-ce pas ? Peut-être préférez-vous entendre : « comment se porte votre Cœur ? ». Si votre Coeur se sent bien, est-ce Dieu qui se sent bien ? Et si votre Coeur ne se sent pas bien, est-ce Dieu qui ne se sent pas bien ?

D'habitude lorsque les gens nous demandent « comment allez-vous en ce moment ? » ils s'adressent à notre corps ou à notre situation extérieure. Ou alors s'ils demandent « est-ce que vous vous sentez bien ? » ils pensent à notre côté émotionnel. Mais il est vraiment extrêmement rare que quelqu'un s'inquiète de notre cœur, et se demande comment Dieu se sent à l'intérieur de nous.

Afin d'établir un lien entre notre coeur et Dieu, nous devons d'abord avoir une certaine connaissance de Dieu Lui-même. Puis découvrir s'il existe un lien réel entre le Dieu de l'univers et l'être humain. Si nous comprenons ce lien, nous pourrons peut-être alors dire : « quand mon cœur ne se sent pas bien cela signifie que Dieu ne se sent pas bien ».

Même si cette idée peut nous sembler nouvelle, nous pouvons nous rappeler une histoire tirée du Premier Livre de la Bible et où nous pouvons lire que les êtres humains ont été créés à l'image de Dieu. Si cette histoire est vraie, le concept ci-dessus ne devrait pas être si difficile à accepter. Si l 'idée d'être à l'image de Dieu n'est qu'un conte de fées raconté à une race disparue aujourd'hui, nous dirons que cette idée n'a vraiment plus aucun rapport avec nous-mêmes. Mais dans l'esprit et l'optique de cette « bonne nouvelle », imaginons que nous puissions être cette race faite à l'image de Dieu.

Alors, demandons-nous où est Dieu ? Est-ce qu'Il habite quelque part près de nous, ou est-Il au contraire un Etre qui vit loin de nous ? Tout au long de l'histoire, ces idées ont amené les hommes à se poser beaucoup de questions. Imaginons que ce Dieu, peu importe où Il se trouve, ait des désirs comme nous aussi en avons. Regardons d'abord ce que pourrait être ces désirs.

Parmi les mots les plus populaires que les êtres humains utilisent, on retrouve ceux qui sont rattachés aux expressions telles que « se sentir bien » ou « être heureux ». À partir du moment où nous réalisons que les êtres humains recherchent le bonheur demandons-nous si un lien existe entre notre bonheur et Dieu ou si notre bonheur n'a rien à voir avec Dieu.

De toute évidence si nous avons la ferme conviction que Dieu n'a aucun rapport avec les êtres humains, nous pouvons aisément croire que notre bonheur, tout comme notre souffrance, est lié seulement à notre propre bonheur ou notre propre souffrance. Mais si nous pensons qu'il existe un lien entre Dieu et nous, cela signifie que le bonheur des êtres humains doit affecter Dieu et qu'Il peut se réjouir avec nous de notre bonheur, tout comme notre souffrance peut également l'affecter.

Demandons-nous alors qu'est-ce qui fait que les êtres humains se sentent heureux ? Si l'on regarde le côté purement physique du corps nous savons que lorsque notre estomac est vide, nous allons très rapidement ressentir des crampes, qui vont donner à notre cerveau le signal qu'il faut aller chercher de la nourriture.

À un autre niveau, quand nous voulons communiquer avec une personne qui ne parle pas notre langue, nous allons très vite sentir qu'elle ne comprend pas ce que nous lui disons et si nous avons un très grand désir d'être compris par cette personne, il faudra trouver un moyen d'apprendre sa langue.

Au moment où nous donnons satisfaction à ce que nos sens nous demandent, quel qu'en soit le niveau, c'est notre être tout entier qui se sentira heureux. Sur le plan physique par exemple, notre estomac trouvera la satisfaction par la nourriture que nous lui apportons, et en même temps notre cerveau sera aussi satisfait, car il n'aura plus besoin d'émettre le signal de la faim.

Sur le plan intellectuel, si nous arrivons à parler la même langue que la personne avec qui nous désirons communiquer, d'une part nous apportons une satisfaction à notre esprit, et d'autre part nous mettons un terme à notre sentiment de frustration. Grâce à cela nous remarquons que finalement nous sommes heureux.

De ce point de vue, le bonheur est créé quand deux parties de notre être peuvent vivre en harmonie. Dès que nous faisons attention à ce que ces deux parties soient ensemble, nous expérimentons que tout se passe bien, ou que nous nous sentons bien.

Donc si je pose la question : « est-ce que votre cœur va bien ? », si vous croyez être seul à vivre sur cette terre sans être relié à quoi que ce soit d'autre en dehors de vous-même, peut-être répondrez-vous « je me sens bien » ; mais si nous comprenons que pour créer le bonheur deux parties sont nécessaires, alors à ma question: «comment va votre cœur ?», il vous semblera tout à fait logique de vous référer à votre cœur en relation à Dieu avant de répondre.

Une chose est sûre, les tiraillements dus à la faim dans notre estomac, ne sont pas arrivés par hasard : c'est bien parce que notre estomac manquait de quelque chose ! De même avec notre langue quand elle est sèche : c'est le signal que nous devons aller boire pour arrêter l'alerte que notre langue nous donne.

Quand on observe notre corps il est intéressant de remarquer, qu'une partie de ce corps est capable d'envoyer une variété de signaux à une autre partie, qui ne se trouve pas forcément proche de la première. Par exemple à quelle distance se trouve notre estomac par rapport à notre cerveau ? Assez lointaine. Et à quelle distance la personne dont nous ne comprenons pas la langue se trouve-t-elle par rapport à notre frustration ? Très éloignée...

Mais d'une manière intéressante on peut remarquer que, malgré l'éloignement et la distance entre les deux parties, l'estomac et le cerveau, ou la personne et notre frustration, il existe bien un lien entre ces deux parties. Si nous examinons maintenant le monde des sentiments, celui de notre cœur, demandons-nous, à quelle partie ou à qui, notre cœur est-il en relation ?

Le Coeur: Un Organe de Lien

Une chose est sûre : quand nous voyons quelqu'un souffrir physiquement quelque chose nous dit que cette personne est en train de souffrir. Si nous n'avions pas en nous-mêmes un organe bien précis capable de ressentir ce que l'autre personne, qui est en dehors de nous, sent, nous ne pourrions pas savoir que cette personne souffre.

Pareillement dans le corps humain, il existe différents systèmes ou glandes, transmettant des signaux à des organes dotés de rôles différents. Ce qui est extraordinaire, ce n'est pas tant que nous ayons différents organes avec des rôles différents, mais qu'il existe un lien réel entre chacun de ces organes. En chacun de nous se trouve un système merveilleusement bien conçu, qui nous apporte toutes les informations nécessaires au bon fonctionnement de nos besoins.

Parmi ces organes, le système le plus fascinant est celui qu'on appelle « le cœur » et qui comporte lui aussi une double caractéristique. D'un côté le cœur est souvent considéré comme une simple pompe qui propulse le sang dans les parties les plus éloignées de notre corps et le fait circuler. Mais en dehors de cette fonction, nous avons aussi l'habitude de considérer cet organe comme capable d'éprouver des sentiments ou des émotions, et c'est ce qui nous pousse à dire « mon cœur sent ... » lorsque nous ressentons quelque chose.

Alors si aujourd'hui nous considérons que cet organe est capable de mesurer l'intensité des sentiments et d'en discerner les différentes nuances, pourrons-nous accepter que notre cœur peut aussi être relié à un autre cœur ? Et pouvons-nous attribuer à cet organe une autre fonction qui serait de transmettre des sentiments que nous identifions comme venant de Dieu ? Lorsque nous comprenons que notre cœur est relié à beaucoup d'autres cœurs ou au cœur de Dieu, ce que nous ressentons peut alors nous apparaître, non pas comme étant un sentiment privé venant de l'intérieur de notre

propre être, mais comme venu d'un autre organe ou d'un autre cœur.

A partir de ce point de vue si une mère de
famille voit un enfant qui traverse la rue en
courant, devrait-elle ressentir quelque chose,
surtout si cet enfant est très jeune ? Ou ne
devrait-elle ne rien ressentir du tout sous pré-
texte que cet enfant n'est pas le sien ? Peu importe à qui est l'enfant, le cœur de cette mère
va lui signaler que cet enfant, qu'elle voit de ses
propres yeux courir dans une rue dangereuse,
est sur le point d'avoir un accident. Ce sentiment d'inquiétude qu'elle ressent d a n s
son cœur va la pousser à se
précipiter sur l'enfant pour
l'attraper avant qu'il ne soit
trop tard, même si cet
enfant n'a aucun lien
de parenté avec elle,
ou même s'il appartient à
une famille qu'elle connaît,
et avec qui elle ne s'entend
pas bien.

Si cette mère écoute et suit le sentiment de
son cœur, elle éprouvera le besoin de courir

derrière l'enfant. Mais si elle se met à penser:
« je ne crois pas que ce que je ressens soit
juste; je ne crois pas que mon cœur devrait se
sentir concerné par ce que je vois ; je ne devrais
rien ressentir pour ce gamin qui n'est pas à moi
; je veux simplement m'occuper de mes propres
affaires ». Si cette longue conversation se
passe en elle-même, cette femme assurément
ne bougera pas d'un centimètre, même si la
force du sentiment à l'intérieur de son cœur la
pousse à esquisser un geste futile de la main en
direction de l'enfant.

À partir de cette situation, on remarque
que : même si nous avons la conviction que
notre cœur n'est connecté à rien d'autre
en dehors de lui-même, il y a quand même
une réalité ! Par conséquent, est-il vrai que
notre cœur n'est pas impliqué dans les rela-
tions que nous créons avec nos semblables?
Avec l'exemple de cette mère de famille et
bien d'autres situations tirées de notre vie
personnelle, nous pouvons affirmer d'une
manière absolue que notre cœur est en relation avec les autres, que cet autre soit un
membre de notre famille ou pas.

Même si nous avons tendance à vouloir croire que notre cœur n'appartient qu'à nous-mêmes, et que nous sommes les seules personnes à être responsables de ce que nous ressentons, nous devons admettre d'après nos expériences personnelles la réalité suivante : cet organe appelé cœur n'est pas seulement en relation avec les autres fonctions de notre corps, comme notre cerveau par exemple qui n'est relié qu'à nos organes physiques ; mais notre cœur est bien en liaison avec les autres personnes autour de nous. Et si notre cœur est en connexion avec les personnes qui nous entourent, pouvons-nous admettre la possibilité que notre cœur soit aussi en connexion avec Dieu ?

Suivez le Signal de Votre Coeur

Quand nous examinons ce qui fait qu'une journée a été « une bonne journée », c'est en général que tout s'est bien passé au cours de cette journée. Cela veut dire que tout notre être a pu se sentir satisfait par les signaux que nos différents sens lui ont envoyés. Si ce travail s'est effectué harmonieusement, nous aurons en effet passé une bonne journée.

Par exemple si notre estomac est vide et envoie à notre cerveau un signal signifiant qu'il a besoin de quelque chose, et si nous, en tant que manageur en chef de ce signal acceptons d'y répondre, nous irons alors sûrement à l'épicerie du coin acheter de quoi satisfaire notre estomac. Lorsque nous aurons fait cela, nous considèrerons que cette situation s'est bien passée.

Quelle peut-être alors la définition d'une «mauvaise journée» ? Ou d'une journée où tout s'est mal passé ? En fait c'est le même processus, mais cette fois-ci vous avez décidé de ne pas suivre l'ordre du signal envoyé, et bien sûr votre estomac est resté vide, par conséquent votre journée a été dure.

Jusque-là nous avons défini une bonne ou une mauvaise journée, sur la base d'un besoin physique satisfait ou insatisfait. Mais nous pouvons observer que nous avons différents niveaux de satisfaction, qui doivent eux aussi être pris en considération dans l'évaluation d'une bonne journée. Par exemple, dans le

domaine intellectuel, nous pouvons identifier un autre niveau qui apporte un sentiment
d'accomplissement. En dehors du niveau physique ou intellectuel, il existe encore un autre
niveau que nous appelons le domaine du cœur
ou du sentiment. Lui aussi compte énormément
dans la valeur que nous attribuons à ce qui fait
une bonne journée.

Si je reprends l'exemple de cette mère de
famille qui aperçoit cet enfant en train de courir
un grand danger : si elle accepte de suivre le
signal qui a viré au rouge dans son cœur, elle
se précipitera pour arrêter l'enfant dans sa
course ou l'aider à traverser la rue. Elle va
même lui demander où est sa maman... Alors à
la fin de la journée, il est certain qu'elle pourra
dire qu'elle aura eu une bonne journée. Mais
cette mère de famille, qui n'a pas voulu bouger
d'un pouce même si tout a viré au rouge en
elle, car ses convictions ordonnaient
à son cœur de ne pas
se sentir impliquée
par rapport à une
autre personne :
pourra-t-elle dire

qu'elle a eu une bonne journée ou au contraire qu'elle a passé une journée horrible qui se termine avec la migraine ? Peu importe ce qu'elle trouvera à dire aux autres.

À partir du moment où le cœur de cette femme morte d'inquiétude a viré au rouge, et grâce à la décision qu'elle a prise d'obéir à ce signal et d'empêcher ainsi que l'enfant ne se fasse écraser, elle ressentira juste après, un réel sentiment de bonheur, de bien être ou de satisfaction. Mais si elle a refusé de suivre le signal de son cœur, on peut comprendre alors pourquoi elle ne se sentira pas heureuse ou dira qu'elle a eu une mauvaise journée.

De ce point de vue, nous pouvons dire que les êtres humains sont responsables d'apporter du bonheur à leur cœur, tout comme ils ont l'autorité aussi de rendre leur cœur triste. Sur la base du principe de cause à effet si nous accomplissons ce que notre cœur nous demande de faire, nous saurons que nous allons être heureux.

Nous pouvons maintenant nous demander si ce sentiment que nous portons en nous est en relation avec Dieu, dont beaucoup d'entre nous ne croient pas à l'existence. Ce qui est intéressant à propos du bonheur, c'est que même si nous pensons être indépendant des autres êtres humains, lorsque nous nous trouvons à quelques mètres de distance de quelqu'un, nous sommes en mesure de ressentir ce que cette personne ressent. Si cette personne n'est pas heureuse ce sentiment va nous affecter. À l'opposé, si cette personne est heureuse, nous n'en ferons peut-être pas grand cas, mais en réalité ce bonheur va aussi nous affecter.

À partir de cette observation, nous comprenons que la cause de nos sentiments ne se trouve pas seulement en nous, mais peut également provenir des autres personnes. Admettons par exemple, que vous travaillez dans un bureau qui emploie beaucoup de personnes différentes. Malgré le sentiment que vous éprouviez avant d'aller au travail, lorsque vous arrivez chaque matin devant la porte du bureau et que vous l'ouvrez pour entrer, l'état d'esprit qui y flotte peut vous influencer.

Cette atmosphère va déferler sur vous comme une vague et dans le cas surtout où ce n'est pas un sentiment de bonheur, vous risquez de vous sentir tellement submergé que vous n'avez plus qu'une seule idée en tête : courir au plus vite vous enfermer dans la kitchenette de ce bureau pour retrouver vos esprits. Vous vous occupez alors de reprendre votre calme, mais vous savez bien, que tôt ou tard il vous faudra sortir et vous asseoir à votre place. Alors pour ne pas avoir l'air trop étrange, vous vous servez une tasse de thé et sortez. Mais quelle que soit la quantité de miel que vous mettrez dans votre tasse et le nombre de fois que vous soufflerez dessus pour le refroidir, il n'est vraiment pas facile de changer ce sentiment qui est venu s'abattre sur vous tel un raz-de-marée.

À différents endroits et dans des situations différentes, chacun de nous a pu faire ce genre d'expérience. Nous pouvons donc affirmer que tous les êtres humains sont connectés les uns aux autres, que cela leur plaise ou non, même s'ils persistent à croire que leur cœur est un organe indépendant qui n'est pas concerné par les autres.

Notre Coeur : Ce Lieu Ou Dieu Peut Montrer Ses Sentiments

Si nous reconnaissons que nous sommes liés les uns aux autres de manière invisible, il n'est pas si difficile de croire que nous sommes peut-être aussi liés à Dieu que nous ne voyons pas. Et si un tel lien existe, nous devrions être capables de Le ressentir tout comme nous ressentons les autres personnes.

Quand nous examinons les différents organes de notre corps, et qu'on nous demande d'en choisir un qui nous permette de ressentir Dieu, nous n'avons aucune difficulté à désigner le cœur. Tout comme nous choisissons le cœur également comme étant l'organe avec lequel nous percevons les sentiments de nos frères et sœurs, de notre père ou de notre mère ou de nos collègues de travail. De ce point de vue, nous pouvons donc affirmer que notre cœur est ce lieu qui nous permet de ressentir toutes les choses. Par conséquent, si Dieu veut nous faire ressentir Ses sentiments, Il va utiliser notre cœur, et tout comme nous percevons les sentiments des personnes qui nous entourent, nous serons capable de percevoir les sentiments de Dieu. Vu sous cet angle nous sommes à même de déclarer maintenant : que mon cœur est également le cœur de mon frère ou de ma sœur, de mon père, de ma mère et en fin de compte que mon cœur est aussi le cœur de Dieu.

Il peut nous paraître surprenant d'entendre cela et difficile même de le croire. Mais si nous acceptons de croire que notre cœur est le cœur de Dieu, beaucoup de choses peuvent changer. Quand nous verrons la souffrance des gens autour de nous, nous commencerons à éprouver des sentiments beaucoup plus profonds envers eux. Le fait de croire que nos sentiments sont les sentiments de Dieu nous permettra de réaliser que lorsque nous blessons quelqu'un, c'est Dieu que nous blessons, ou que lorsque nous portons un jugement sur une personne, c'est Dieu aussi que nous jugeons.

Si Dieu veut que nous puissions admettre que notre cœur est Son cœur, la sagesse alors nous demanderait de nous montrer très prudents et sensibles quant à la façon dont nous approchons chaque personne. Mais comme la plupart du temps nous ne faisons pas attention à notre attitude vis à vis des autres, nous devons reconnaître qu'il doit y avoir une autre force quelque part, qui nous pousse à nous plaindre des personnes autour de nous.

Il nous arrive souvent de critiquer les autres et après cela nous avons l'audace de leur demander comment ils se sentent, faisant comme si aucun rapport n'existait entre notre critique et la personne en face de nous. De plus, si pour une raison quelconque notre critique nous semble à la fois nécessaire et justifiée, nous n'aurons aucune difficulté à croire que les mots que nous avons dits vont faire le plus grand bien à la personne, même si l'expression de son visage nous démontre le contraire.

Alors, même si nous croyons qu'aucun sentiment n'est transmis entre ce que nous disons aux autres et ce qu'ils ressentent, en réalité ce que nous faisons et surtout ce que nous disons créera bien un certain sentiment chez les autres. Ceci est encore plus vrai si nous leur déversons une avalanche de critiques qui n'apportent aucune solution, au lieu de nous en tenir à quelques mots seulement. Dans ce cas, ce n'est pas seulement le cœur de la personne que nous affectons, mais également et absolument, le cœur de Dieu à l'intérieur de cette personne.

L'Humilité : L'Arme Contre La Force de Destruction

Par ailleurs quand il nous arrive à notre tour d'être blessé, nous nous retournons souvent avec colère contre la personne qui nous a heurtés, pensant que c'est elle qui devrait se sentir mal et être punie pour ce qu'elle nous a fait. Mais si nous considérons que son attaque ne nous a pas seulement blessé, mais a également blessé Dieu, choisissons de rester humble parce que c'est le meilleur moyen d'apaiser Dieu qui respire à travers nous.

D'un autre côté, si nous en venons à réaliser soudainement que nous venons de céder à la colère, de juger une personne et de blesser son cœur, donc de blesser le cœur de Dieu en elle, sachons rester humble en

disant simplement : « je regrette ». À ce mo-
ment-là, nous ne devons pas nous juger parce
qu'en le faisant ce n'est pas seulement nous
que nous jugeons, mais bien Dieu qui vit dans
notre cœur. Donc, quand il nous arrive d'être
injustement accusé ou au contraire d'accuser
quelqu'un d'autre, dans les deux cas faisons
juste preuve d'humilité pour ne pas empirer ce
qui s'est déjà passé.

Si nous nous mettons à réagir contre la
personne qui nous a attaqués, ou si nous réa-
gissons contre nous-mêmes en nous accusant
d'avoir attaqué, la force de destruction qui travaille contre Dieu va se réjouir de notre attitude,
parce que c'est exactement ce que le mal espère
nous voir faire. Ce que désire le mal, à vrai dire,
c'est de nous regarder en train de fermer notre
cœur pour que nous devenions complètement
insensibles à la présence de Dieu.

Alors au lieu de faire
la volonté de celui qui
veut nous assass-
iner, il est pré-
férable, malgré
tous nos défauts,

de rester humble face à ce que nous avons fait. Nous pourrons ainsi réconforter le cœur de Dieu, notre Père Céleste. Au contraire, si nous ne pouvons pas accepter nos manquements, nous ne serons pas capables de maîtriser les sentiments qui nous assaillent.

Le Pardon : L'Autre Arme Pour Notre Coeur

Par conséquent nous ne devons, ni nous mettre en colère ni juger ceux qui nous font du mal, mais « leur pardonner car ils ne savent pas ce qu'ils font » comme Jésus-Christ a dit (Luc 23 : 34).

Ces paroles sont les mots-clés que nous devons suivre si nous voulons protéger notre cœur de ce qui le bloque et l'empêche de recevoir l'amour. Si nous pouvons pardonner nous n'aurons plus jamais le cœur brisé, même si nous ne pouvons pas nous empêcher de verser des larmes sans fin. À la place, Dieu nous donnera encore plus d'amour. Certes, il nous arrivera encore souvent d'être à nouveau blessé, mais nous pourrons nous tenir debout avec force.

En effet nous serons conscients que lorsque nous n'aimons plus les autres, nous fermons en même temps nos cœurs à Dieu. Et ce serait Lui infliger un choc comparable à celui d'une crise cardiaque car au moment où Dieu nous donnait Son amour, nous L'avons rejeté comme si nous Lui avions claqué une porte en pleine figure.

Si nous nous comportons avec une telle attitude de temps en temps seulement, cela peut être acceptable. Mais si nous nous mettons à le faire souvent, nous aurons plus de mal à revenir du bon côté même si notre cœur s'est ouvert à nouveau.

Pour résoudre cette attitude qui nous fait réagir et fermer notre cœur, nous devons nous rappeler que nous sommes des enfants qui ont un lien avec le Dieu d'amour. Alors puisque nous sommes Ses enfants, au lieu de fermer notre cœur ou rejeter ce Dieu que nous appelons « Notre Père », gardons notre cœur ouvert de telle sorte que Notre Père puisse rester avec nous.

C'est pourquoi la qualité qui consiste à « ne pas juger » est hautement recommandée dans les enseignements des Livres de Sagesse. Ces milliers d'années, durant lesquelles les êtres humains ont essayé de trouver une solution pour éviter de porter un jugement, leur ont permis de réaliser, que faire preuve d'humilité envers quelqu'un qui les attaque a des effets beaucoup plus positifs que de juger leur semblable.

Alors si un enfant a la volonté de protéger son Père, il devrait apprendre à garder son cœur ouvert même si quelqu'un de son entourage l'attaque. Il est préférable de garder la sagesse de l'humilité quand quelqu'un nous attaque, car cette attaque que nous recevons n'a pas encore d'influence sur Dieu qui donne l'amour.

Si nous fermons notre cœur à Dieu quand nous sommes blessés, c'est cela assurément qui va Lui faire du mal et Le blesser. Lorsque nous aurons pris conscience de cette réalité invisible, nous n'aurons plus aucune hésitation pour accepter le blâme de quelqu'un. Nous ferons aussi très attention à ne plus jamais nous juger, car nous jugeons en même temps notre cœur qui est en connexion avec Dieu.

En dépit des sentiments et de la souffrance causés par quelqu'un, quand vous êtes blessé, inclinez simplement votre tête en signe d'humilité et répétez les paroles de Jésus « Pardonne-leur parce qu'ils ne savent pas ce qu'ils font ». Ce conseil s'adresse tout particulièrement à ceux qui se mettent facilement en colère. Lorsque nous éprouvons de la colère contre quelqu'un qui nous a blessés, nous sommes sur le point, de n'être pas seulement des victimes, mais aussi de devenir des agresseurs. Comme il est possible de devenir bourreau après avoir été victime, la sagesse et la prudence nous demandent d'accepter les remarques susceptibles de nous blesser. Non seulement cela nous aidera à garder notre calme, mais cela nous évitera aussi de commettre une erreur susceptible de blesser notre propre cœur.

Aimer Dieu

Maintenant il est temps de nous demander: « Est-ce que j'aime Dieu ? » et que veut dire « aimer Dieu » ? Aimer Dieu, cela veut dire: protéger notre cœur en ne nous autorisant pas à juger. Si nous suivons réellement ce principe, nous pouvons dire en effet, que nous aimons Dieu ce qui signifie que nous aimons également notre cœur. Donc, d'après ce point de vue nous pouvons ajouter, que protéger notre cœur c'est aussi protéger le cœur de Dieu.

Il nous arrive souvent de nous entendre dire : « tu sais, quand tu me parles comme ça tu blesses mon cœur », mais maintenant nous pouvons ajouter : « quand tu blesses mon cœur ce n'est pas moi seulement que tu blesses, mais tu blesses Dieu aussi », parce que Dieu n'a pas d'existence séparée de nous, surtout en ce qui concerne le domaine de l'amour.

Notre Ressemblance à Dieu

En général nous pensons que Dieu n'a pas de forme physique, donc par l'apparence physique peut-être dirons-nous que nous ne ressemblons pas à Dieu. Mais d'un point de vue intellectuel notons que nous avons une certaine ressemblance avec Dieu. Nous pouvons imaginer Dieu pourvu d'un grand «cerveau» puisqu'Il a créé le monde de la connaissance avant même de créer l'existence matérielle de L'univers. Et si nous pensons que les êtres humains, d'un point de vue émotionnel, sont des entités dotées d'amour, nous réaliserons qu'une grande ressemblance existe entre l'amour que nous 'respirons' et désirons obtenir, et le Dieu d'amour dont nous croyons en l'existence. Par conséquent s'il doit y avoir un domaine où Dieu et nous les êtres humains pouvons nous rencontrer, c'est absolument dans le domaine de nos sentiments.

La Vérité Sert à Proteger Notre Coeur

Si les êtres humains trouvent naturel de rechercher la vérité afin de comprendre qui ils sont, ils sont également en recherche de ce lieu où ils peuvent rencontrer le Dieu d'amour.

Instinctivement, chacun de nous croit que ce lieu où chaque relation émotionnelle peut se produire est le cœur. De ce point de vue, plus nous nous comprenons sur la base de la vérité ou de la connaissance reçue, plus nous réalisons que cette connaissance ne va pas seulement servir à remplir notre esprit mais à nous amener à bien nous conduire pour protéger notre cœur. Nous nous rendons compte alors, que cette connaissance spécifique du lieu où Dieu et les êtres humains peuvent se rencontrer est de la plus haute importance et de la plus grande valeur parmi toutes les connaissances existantes : elle va en effet nous aider à savoir que faire lorsque nous nous retrouvons confrontés à certaines situations. Par-dessus tout, cette sorte de connaissance va nous aider à protéger le sentiment de Dieu qui se manifeste à nous d'une manière continue.

Quand nous examinons le monde de la connaissance nous pouvons observer, que la valeur que nous lui attribuons est souvent basée sur le fait de croire, qu'elle nous rend supérieurs à toutes les personnes qui nous entourent. Nous utilisons également souvent la connaissance comme une arme, non pas pour nous protéger ou protéger les autres, mais pour les attaquer, pour les blesser en mettant en évidence leur faiblesse, dans le seul but de leur faire voir qu'ils sont battus par plus forts qu'eux.

Mais au lieu de faire cela si nous apprenions à protéger notre vraie identité ou notre vrai « moi » et surtout le centre de notre être que nous appelons « le cœur » nous ne deviendrions alors jamais les victimes de ceux qui nous agressent. Et au lieu de nous affaiblir en nous faisant attaquer, nous deviendrons au contraire de plus en plus forts chaque fois que quelqu'un nous attaque. En utilisant la connaissance de la vérité à bon escient, nous deviendrons capables de garder notre cœur ouvert dans toutes sortes de circonstances et avec le temps qui passe, nous parviendrons à devenir des hommes vrais et de vraies femmes.

Le But De La Connaissance

Si nous étudions le véritable but de la vérité ou le vrai sens du savoir, nous allons réaliser que la connaissance nous est donnée pour nous faire voir ce que nous ne voyons pas, et pour nous faire comprendre ce que nous ne comprenons pas. De ce fait, si nous arrivons à comprendre comment fonctionnent les êtres humains entre eux, nous réaliserons alors que la connaissance de la vérité nous aide à la fois à protéger notre cœur et à le faire grandir.

Il existe également un savoir qui explique qui est l'ennemi de notre cœur. Cette sorte de connaissance nous est nécessaire pour nous aider à triompher de celui qui désire tant que nous n'ayons pas conscience de notre cœur. En effet, de même que nous devons connaître le côté du Bien, nous devons également savoir comment fonctionne l'ennemi de la vie.

Si nous comprenons ces deux aspects, nous serons alors à même de gagner rapidement sur celui qui agit avec une volonté bien différente de celle de notre cœur. De plus nous avons besoin non seulement de vérité ou de connaissance, mais aussi de comprendre comment bien les utiliser. Si nous arrivons à bien mettre en pratique ces deux éléments, nous deviendrons des personnes de sagesse, et pas seulement de vérité.

La Source De La Connaissance Maléfique

S'il existe une source à la connaissance de la bonté, il doit bien y avoir une source à la connaissance de la destruction. En considérant que la bonté vient de Dieu, au-delà de l'être humain, nous pouvons alors en déduire que la destruction doit venir elle aussi d'une force maléfique, qui existe au-delà de nous. À travers l'Histoire humaine, des noms tels que Satan ou le diable ont été donnés à cette force maléfique. Du fait qu'il existe non seulement une force mais aussi une tête qui commande cette force, nous pouvons comprendre qu'elle va utiliser une stratégie dotée d'une volonté bien différente de celle de la bonté. De toute évidence, il ne peut y avoir de stratégie sans connaissance.

Par conséquent si Dieu savait comment créer les êtres humains, et les amener à se développer jusqu'à un stade d'accomplissement où ils pourraient être à Son Image, le diable ou Satan doit avoir eu également une connaissance doublée de stratégie pour empêcher l'humanité d'aller du côté de la bonté. Mais tant que les êtres humains l'ignoreront, ils continueront à rester dans l'obscurité en étant utilisés et manipulés par cette force diabolique.

Nous devons donc comprendre l'importance de ne pas seulement avoir la connaissance dans notre cerveau pour augmenter notre pouvoir. Nous devons aussi savoir comment l'utiliser afin de comprendre ce qu'il faut faire ou ne pas faire pour que la bonté grandisse en nous. Si la connaissance a la capacité de nous expliquer la situation qui est la nôtre, nous allons découvrir qu'il n'est pas sain du tout de prendre le rôle d'accusateur. Si nous pouvons vraiment apprendre à discerner ce qui est bien pour nous, par rapport à ce qui ne l'est pas, la force du mal aura alors d'immenses difficultés à nous utiliser pour son propre désir, comme elle a pu le faire jusque-là.

Si les êtres humains commencent à prendre conscience de la bataille qui se livre quelque part entre ces deux forces appelées force du bien et force de la destruction, ils se demanderont alors où se trouve ce champ de bataille ? Nous savons qu'il existe de nombreux champs de bataille autour de nous sur la terre, mais ce que nous ignorons peut-être, c'est qu'il existe aussi un champ de bataille à l'intérieur de chacun de nous : là où les deux aspects de notre être se livrent un combat acharné pour prendre le dessus, en dépit même du fait que nous ne désirions nous tenir que d'un seul côté.

Parce que nous ne vivons pas avec la conscience de ce qui se passe en nous, nous nous retrouvons un jour en train d'attaquer une personne ou de nous juger nous-mêmes, et un autre jour en train de réaliser au contraire que nous devrions nous aimer les uns les autres. Cette dernière prise de conscience nous mettant dans l'obligation de choisir une approche plus douce vis-à-vis des autres comme de nous-mêmes.

Mais comme la plupart du temps nous n'avons pas réellement conscience de la bataille qui se livre en nous, nous la laissons faire tout simplement. À cause de cela nous n'avons aucun pouvoir sur ce qui nous arrive, ou sur

qui nous utilise. Par conséquent si notre tendance est d'être plutôt agressif, nous n'aurons aucun problème à attaquer les autres quand nous nous sentirons heurtés, au point même d'arriver à les attaquer tout le temps.

Si pour une raison quelconque, nous avons tendance au contraire à être une personne qui se laisse attaquer, nous dirons : « Je ne sais plus que faire, je sens que je deviens chaque jour de plus en plus faible » et avec le temps qui passe nous nous mettrons à avoir peur de tout. Mais si nous avons conscience de l'intention de la force du diable, nous allons vite comprendre que son seul but est de pousser les gens à se blesser mutuellement. Car en nous faisant du mal les uns aux autres nous sommes très loin de désirer nous sentir proche de Dieu : c'est l'objectif principal et le seul souci du diable.

Dans ce but, il va envoyer de soi-disant prophètes qui vont encourager les gens à riposter contre ceux qui les attaquent. Ainsi dès qu'une personne sera blessée elle se sentira justifiée de passer le restant de sa vie à désirer se venger, et attaquera en retour ceux qui lui ont fait du mal.

La Strategie Du Diable

Quelle est alors la stratégie que le diable utilise pour promouvoir sa connaissance ? C'est de s'assurer que nos cœurs restent bien fermés, le plus fermé possible, ce qu'il arrive d'autant mieux à faire si l'on porte constamment des jugements sur toute chose et tout être, des plus petits au plus grands. Le diable sait, lorsque notre cœur est fermé, que le Dieu de bonté ou Dieu d'amour n'a aucun moyen pour entrer dans notre cœur, ce cœur humain qui ne peut s'empêcher de juger tour à tour lui-même et les autres.

Quand nous expérimentons le fait d'être jugé, nous ressentons une certaine douleur qui accentue notre désir de battre en retraite. Par conséquent si nous voulons briser ce cycle infernal et changer notre destinée, apprenons à aborder chaque cas qui nous fait souffrir jusqu'à ce que nous puissions choisir, au moins avec notre intellect, un chemin différent. Si nous choisissons de prendre le chemin de cette connaissance qui valorise et protège le cœur, nous pourrons rester humbles face à l'attaque, ce qui diminuera notre douleur, tout en laissant la place également à un nouveau sentiment plus calme et au final plus joyeux.

La Strategie De L'Humilité

Si nous voulons changer la direction de notre destiné, et nous assurer que nous ne travaillons pas pour le plus grand plaisir de la force de destruction, nous devons avoir la sagesse de choisir les techniques qui peuvent faire grandir la bonté, aussi bien en nous-mêmes que dans les autres. De plus nous devons garder en mémoire de ne jamais juger les autres, ce qui nous évitera ainsi de devenir leur agresseur. Dans cette optique, il est donc préférable d'être celui qui est jugé plutôt que celui qui juge, en sachant que rester humble est le chemin qui protège notre cœur. En prenant cette attitude d'humilité, de ne pas répondre à l'attaque, nous protégeons à cet instant bien précis, autant le cœur de Dieu que notre propre cœur. Par conséquent, si nous étudions avec minutie l'effet que procure l'humilité sur nous, nous réaliserons que les conséquences positives sont bien plus nombreuses que celles obtenues par la position opposée, qui cherche à réagir et à attaquer en retour.

Dès que nous choisissons de prendre une attitude d'humilité, nous nous transformons en éponge ce qui nous permet d'amortir les coups reçus. À l'opposé si nous choisissons de nous défendre nous allons nous durcir et l'attaque va vraiment nous blesser. Nous deviendrons aussi durs qu'une brique et comme vous le savez, un seul coup peut suffire à fendre une brique en deux. Une éponge au contraire ne se cassera jamais, même si on la crible de coups. Au moment où nous choisissons l'humilité, nous nous transformons en un matériau indestructible, parce que cette attitude d'humilité nous transforme en éponge capable d'absorber l'agression. La force du coup que notre agresseur avait intentionnellement projetée sur nous ne peut pas nous pénétrer. Alors parce que cette force ne pénètre pas dans notre centre ou noyau, qui est le cœur, nous en concluons que l'humilité est le meilleur bouclier pour protéger notre cœur.

Notre cœur en effet n'est pas seulement un cœur : il est l'organe par lequel Dieu est relié à nous. Il sert aussi à nous relier avec les sentiments de beaucoup d'autres personnes. Quand un coup arrive avec toute sa force sur nous, si nous choisissons l'humilité, nous permettrons à notre cœur de ne pas être touché. Nous pourrons ainsi rester liés à la fois avec l'amour de Dieu et avec les sentiments d'autres personnes qui nous entourent.

Si on observe les différentes techniques que les êtres humains ont essayé d'employer pour protéger cet organe avec lequel Dieu désire tant communiquer, on comprend pourquoi une attitude de douceur est la meilleure, même si la possibilité d'être attaqué reste réelle. Au cours de cette première minute où nous sommes attaqués, plus nous choisissons rapidement de nous transformer en éponge, plus nous permettons à notre cœur de s'ouvrir à nouveau. Et si nous ouvrons notre cœur à nouveau, Dieu peut y revenir et s'y maintenir.

Apprendre à garder notre cœur ouvert sous les coups et les attaques que nous subissons nous permettra de nous forger un caractère de bonté tout en préservant notre cœur. Mais jusqu'à ce que nous choisissions délibérément de passer à travers un tel entraînement, nous verrons toujours notre cœur se fermer rapidement, et Dieu ne pourra jamais se voir comme faisant partie de nous.

La Responsabilité Des Etres Humains

Maintenant que nous avons découvert que notre cœur est un organe qui n'a aucune protection par lui-même, étant donné qu'il a besoin d'être protégé par la personne qui le porte, nous pouvons dire que nous sommes responsables de la bonne santé de notre cœur. Beaucoup de médecins nous prescrivent des remèdes pour soigner notre cœur physique et prolonger notre vie si nous suivons leurs conseils. Si nous parvenons à trouver la connaissance, ou le remède, capable de garder notre cœur intérieur ouvert et en bonne santé, nous pourrons recevoir l'oxygène

dont notre cœur physique a besoin autant que notre corps dans son ensemble, et nous aurons l'assurance d'avoir beaucoup moins de crises cardiaques.

Comme une étroite relation existe entre notre cœur et le cœur de Dieu, je pense que la relation entre notre cœur physique et notre cœur émotionnel doit être même encore plus proche. Si nous considérons que ce cœur émotionnel est bien en relation avec notre cœur physique, ce dernier alors doit être capable de recevoir des signes de notre cœur émotionnel. Mais si le cœur émotionnel est trop oppressé et ne peut recevoir l'amour de Dieu on comprend alors pourquoi le cœur physique réagit d'une manière telle que son instinct naturel ne peut plus le contrôler. C'est sûrement la raison qui fait que les accidents cardiaques sont en augmentation au lieu d'être en diminution. Plus notre santé intérieure se détériore, plus nos organes physiques courent le risque de se dégrader. En effet si les êtres humains ne reçoivent pas cet amour émotionnel c'est tout comme s'ils souffraient d'un manque d'oxygène dans le sang. Cela veut dire que nous aurons un bien plus grand nombre de complications dans nos organes parce qu'ils ont tous grandement besoin de recevoir de l'oxygène.

Vu sous cet angle, si nous en tant qu'être humain ne pouvons pas recevoir l'amour dont nous avons besoin pour notre vie de chaque jour, alors notre être intérieur sera toujours comme assoiffé et notre corps physique se retrouvera affecté de différentes façons. Les êtres humains doivent réaliser que la magie, qu'ils croyaient provenir uniquement de Dieu, ne peut pas se faire par Lui tout seul, mais seulement par eux-mêmes. Alors ils comprendront certainement pourquoi ils n'ont jamais pu se transformer facilement en personne de bonté.

Depuis que l'humanité existe, si Dieu avait en Son pouvoir de rendre les êtres humains aussi bons que Lui-même, Il l'aurait sûrement déjà fait. Mais quand on se penche sur les livres d'histoire, on remarque que les êtres humains n'ont vécu que dans des situations où ils attaquaient toujours quelqu'un.

Par conséquent nous pouvons en conclure que le caractère des êtres humains ne peut

pas avoir été fait par Dieu. Et si Dieu ne peut pas nous transformer en Son Image cela signifie que nous sommes responsables d'accomplir ce miracle par nous-mêmes. Tant que nous ne choisissons pas le chemin qui va nous créer comme des personnes qui n'attaquent pas les autres, nous n'avons rien à faire avec Dieu. Mais dès que nous décidons de prendre ce chemin qui protège notre cœur nous découvrons que Dieu nous attend avec anticipation. Nous-mêmes pouvons nous attendre également à ce que quelque chose en nous change par le miracle que nous sommes en train d'accomplir.

À l'opposé, si nous ne décidons pas de prendre le chemin de l'humilité et si nous persistons à nous plaindre pour chaque coup reçu, nous allons alors enfermer le cœur de Dieu dans une prison située à l'intérieur de nous exactement comme si nous emprisonnions quelqu'un dans une forteresse aux murs très épais. Et si notre cœur, ou Dieu, reste trop longtemps en prison notre cœur va s'asphyxier et nous nous sentirons de plus en plus distant de Dieu et des autres êtres humains. Si nous en arrivons au point de constamment juger et les autres et nous-mêmes nous terminerons notre route dans les ténèbres, sans lumière aucune, car c'est bien là que nous conduira le fait de nous plaindre sans arrêt. En effet plus nous nous plaignons plus notre cœur se ferme. Et moins nous nous plaignons plus notre cœur s'ouvre.

En maintenant notre cœur ouvert, nous arriverons à sentir la présence de Dieu, ce que nous pouvons souvent identifier à la sensation « d'être bien » ou de pouvoir « respirer ». Alors, dès que nous pouvons avoir confiance que notre cœur ne se fermera pas si facilement, quelle que soit la situation dans laquelle nous nous trouvons, nous nous tournerons vers d'autres personnes d'une manière naturelle, n'étant pas seulement concerné par leur santé physique mais surtout par leur santé spirituelle et émotionnelle.

Étant donné que nous avons appris à bien prendre soin de notre propre santé émotionnelle, nous serons beaucoup plus capables d'aider les autres à faire de même. Nous les encouragerons à ne pas juger car nous avons la conviction absolue que ce que nous voulons leur dire est, ce que nous-mêmes avons réussi à accomplir. Comme nous désirons que les autres puissent aussi expérimenter ce que nous expérimentons nous éprouverons assurément le désir d'aider les personnes autour de nous à rester humbles face à ceux qui les accusent et à se montrer reconnaissants face à ceux qui leur donnent quelque chose.

Créer De L'Espace Pour Que Dieu Vive

Mais en attendant que nous puissions parvenir avec une foi absolue à garder notre cœur ouvert en toutes circonstances, nous devons rester vigilant sur la qualité de nos pensées et de nos sentiments au quotidien. Ainsi nous laisserons de la place à Dieu, pour qu'Il existe dans notre cœur. Par conséquent, si nous ne sentons plus notre cœur respirer à chaque moment de notre vie, nous devons arrêter ce que nous sommes en train de faire. Nous ne devons pas continuer à fonctionner comme une machine, mais faire rapidement quelque chose pour sentir le cœur de Dieu à nouveau. Prendre le temps n'est pas du temps perdu. Est-ce que nous travaillons pour Dieu ou au contraire pour la force de destruction ? C'est la question. Si nous ne travaillons pour aucune de ces deux forces, c'est que nous sommes de simples machines.

Alors pour être sûrs de ne pas choisir cette destinée : travailler pour la force de destruction ou n'être que des machines, prenons le temps qu'il faudra pour renforcer notre relation avec Dieu. Si nous prenons ce temps pour ré-ajuster notre esprit ou nous assurer que nous ne sommes pas en train de juger, cela n'est en rien une attitude égoïste. Bien au contraire, c'est l'attitude la plus généreuse et publique, car nous ajustons l'organe qui permet à chaque être doté de sentiments de se sentir accueilli par nous.

De ce point de vue, nous découvrons que prendre soin de notre cœur, c'est prendre soin des autres, tout comme c'est aussi prendre soin de Dieu. Parce que nous ressentons désormais l'appel qui nous demande de toujours prendre soin de quelqu'un, nous devrions également sentir que c'est notre mission de nous sentir concerné par notre époux ou épouse et par nos enfants quand ils reviennent à la maison après leur journée de travail. Si nous leur demandons « comment allez-vous ? » ou « comment vous sentez-vous ? » il est possible qu'ils répondent « je ne me sens pas très bien », ce qui devrait nous pousser à devoir faire quelque chose pour eux. C'est même une situation d'urgence car lorsque nous les entendons dire « je ne me sens pas très bien », nous savons maintenant que ce qu'ils ressentent est en fait la peine de Dieu autant que leur propre douleur.

Et si c'est à nous qu'il arrive de répondre à cette même question en disant : je ne me sens pas bien, au lieu d'attendre que quelqu'un fasse quelque chose pour nous, nous devrions écouter cette sonnerie d'alarme provenant de notre cœur et réagir immédiatement. Car nous savons désormais que si, nous ne nous sentons pas bien, cela veut dire que Dieu en nous ne se sent pas bien.

Ainsi, à partir du moment où nous avons bien enregistré que notre cœur est aussi le cœur

de Dieu, nous n'allons pas attendre que les
années passent avant de faire quelque chose
pour nos sentiments. Attendre ne serait béné-
fique ni pour le Dieu de bonté ni pour notre
cœur, mais profiterait uniquement à la force de
destruction ou au diable. Plus nous attendons,
plus nous amplifions notre souffrance ou notre
douleur, et plus nous allons créer de distance
avec toutes les personnes autour de nous.
C'est l'objectif principal de celui qui hait Dieu
et qui nous hait également.

Alors, au lieu d'attendre que quelque chose
de positif finisse bien par arriver, pourquoi ne
pas nous montrer humbles et reconnaissants
envers ce que nous recevons. Nous savons
que le fait de garder cette douleur dans notre
cœur équivaut à essayer d'empêcher l'oxygène
d'entrer. Si nous ne recevons pas d'oxygène
est-ce que nous allons souffrir ? À l'instant
même où nous ne recevons pas l'amour de
Dieu, c'est le signe qui nous dit que Dieu ne
peut pas venir dans notre cœur.

Si l'on veut remédier à ce symptôme, au lieu
d'apprendre à vivre avec ce manque d'amour, il
est préférable et beaucoup plus sage de réagir

aussi vite que possible. N'acceptons pas que notre cœur soit à ce point oppressé sans faire quelque chose : prier plus, nous montrer plus serviable, trouver une raison d'avoir plus de gratitude, faire tout ce que nous pouvons pour le bien des autres, tout cela nous sera certainement une aide précieuse pour nous pousser à ré ouvrir notre cœur. N'acceptons pas de vivre avec le cœur serré comme une victime. Plus nous repoussons ce sentiment qui nous serre de l'intérieur, plus nous ferons de l'espace à Dieu pour Lui permettre de vivre dans nos cœurs.

Nous devons maintenant nous demander si finalement un jour nous parviendrons à triompher de celui qui veut nous voir perdre cette bataille et vivre en vaincus ? Nous devons gagner parce que nous avons été créés pour porter l'amour de Dieu et vivre en évoluant autour de Dieu.

Quand vous agrandissez votre cœur cela veut dire que vous libérez le cœur de Dieu qui a besoin d'espace. Alors si quelqu'un vous blesse, tournez-vous vers Dieu, inclinez votre tête et faites ce que Jésus-Christ a fait :

pardonnez et transformez la douleur que vous éprouvez en amour vrai. Sur le point de mourir Jésus-Christ a prononcé ces paroles : « Père pardonne-leur, car ils ne savent pas ce qu'ils font ». Pouvons nous faire cela nous aussi dans notre propre vie ? Si nous le faisons des milliers de fois, un million de fois, nous deviendrons un homme ou une femme vrais. Nous gagnerons le vrai amour, nous marcherons avec grâce en nous tenant droits. Nous vivrons debout. Les gens se demanderont ce qui nous est arrivé et ils auront plaisir à regarder nos yeux brillants parce qu'ils verront la lumière de l'esprit de Dieu à l'intérieur.

C'est pour cette raison que nous devons suivre exactement ce que Jésus-Christ a fait. Rappelez-vous, lorsque Moïse est descendu de la montagne avec les tables de la Loi, il a vu le peuple se comporter selon un standard complètement différent de celui dicté par les Paroles qu'il venait de recevoir. En voyant toutes ces personnes se con-

duire mal et faire des actes tellement éloignés de Dieu, Moïse n'a pas pu s'empêcher de se mettre en colère. À cause de cette attitude, il n'a peut-être pas réalisé qu'il laisserait tomber les Tables et les briserait.

À la lumière de cette histoire, nous pouvons apprendre que lorsque nous jugeons quelqu'un, nous perdons en fait la sagesse divine. Cette leçon nous enseigne donc qu'il est préférable de contrôler les jugements que nous pourrions formuler contre les gens. En effet, pendant que nous sommes occupés à les juger, nous sommes également en train de fermer nos cœurs devant Dieu. Alors quand Dieu veut s'approcher de nous, il ne trouve en nous plus rien de droit qui Lui permettrait de communiquer avec nous.

Ainsi, au lieu de nous occuper à faire la volonté de celui qui désire tant que nous fermions nos cœurs, il serait préférable de nous montrer humbles et de pardonner à ceux qui ont fait quelque chose qui ne nous a pas plu.

Forts de cette compréhension, nous ne devrions jamais nous mettre en colère, même quand les gens nous poussent à le faire. Nous devons rester humbles et leur pardonner parce que nous voulons être absolus face à ce que notre cœur a besoin de recevoir. Si nous pouvons atteindre ce but un grand nombre de personnes pourra renaître à travers nous parce qu'ils percevront l'amour dans notre cœur. C'est pourquoi Jésus a pu dire « Celui qui m'a vu a vu le Père. Je suis dans mon Père et vous en moi et moi en vous » (Jean 14 : 10-12). Pour que nous aussi puissions dire cela, il nous faut croire d'une manière absolue que notre cœur est le cœur de Dieu. Nous devons respecter chaque personne parce que dans le cœur de chacune d'elle se trouve le propre coeur de Dieu. Quand nous comprendrons vraiment cela, nous ferons tout pour garder notre cœur, ainsi que le cœur des autres, toujours ouverts.

Plus nous développerons notre cœur, plus nous découvrirons la profondeur du cœur de Dieu, jusqu'à découvrir les niveaux de son cœur qui vont nous faire mal et nous paraître douloureux à porter.

Au début de cette découverte il est possible que nous ne nous sentions pas capables de faire face à ce sentiment parce qu'il est trop douloureux. C'est pourquoi nous devons apprendre à renforcer notre cœur en n'agissant pas sur la douleur elle-même, mais en continuant au contraire à sourire. Un bébé par exemple sera extrêmement perturbé à la vue de ses parents en larmes. Mais quand cet enfant atteindra sa quinzième année environ, ce sera différent ; il sera plus capable de sympathiser avec sa mère qui pleure et désirera même faire quelque chose pour elle. Et quand cet enfant atteindra ses 20 ans, il en sera au point de vouloir réconforter sa mère.

Ainsi après avoir appris à ne pas juger, ce qui signifie ne pas fermer notre cœur à Dieu à l'intérieur de nous-mêmes, nous allons ensuite nous intéresser, non pas seulement à ressentir Dieu mais à établir une relation avec Lui. Ce qui correspondra pour Dieu au plus grand des miracles. Pour arriver à ce stade, nous devons nous concentrer sur ce que notre cœur nous demande. Rappelez-vous, ce que notre cœur ressent est, ce que Dieu ressent. Nous devons

mettre ces deux aspects ensemble. Et au moment où nous les mettrons ensemble, nous allons découvrir le désir d'aimer Dieu. Au moment où nous faisons cela, notre conscience va pleinement se réveiller et se mettre à nous parler de beaucoup de choses, et tout spécialement nous dire de ne pas juger. Ceci peut arriver à chaque personne qui relie son cœur à Dieu, même si le péché l'avait sali tout au long du chemin qu'elle avait pris jusque-là.

Ce qui compte n'est pas ce que nous avons fait de mal dans le passé mais ce que nous choisissons de faire aujourd'hui. Est-ce que nous allons choisir de bien faire aujourd'hui ? C'est la question que nous devrions tous nous poser. À la fin de la journée, nous devrions pouvoir répondre « oui, aujourd'hui j'ai fait deux bonnes choses, et demain j'en ferai trois ». Cela veut dire que nous devons garder une attitude souple et flexible et aider les autres à faire ce qu'ils « peuvent » et non ce qu'ils « doivent ». Si nous les traitons de la sorte nous réaliserons que notre cœur se sent bien, ce qui veut dire que Dieu se sent heureux. Et c'est là le point. Par conséquent si c'est en rendant service aux autres que nous nous sentons bien, nous devrions le faire. Peut-être est-ce même plus important que de prier ou de lire les paroles de Dieu, parce qu'à ce moment précis nous mettons justement les mots de Dieu en pratique, ce qui en retour va libérer notre cœur.

Alors si au début de cette présentation nous avons dit : « mon cœur est le cœur de Dieu » nous pouvons dire pour terminer : « mes yeux sont aussi les yeux de Dieu ». Et si nos yeux sont les yeux de Dieu, qu'en est-il des autres parties de notre corps ? Et de notre corps tout entier ? Pouvons-nous dire que nous sommes le temple de Dieu ? C'est la véritable expression de ce que nous sommes et de Dieu Lui-même. Avec un tel point de vue nous ne relirons plus seulement Jésus Christ à Dieu, mais nous comprendrons que nous pouvons faire la même démarche nous-mêmes.

Et si nous nous tenons fermement sur cette position, nous aurons restauré ce qui était perdu au tout début de l'humanité : quand les êtres humains ont tout perdu parce qu'ils se sont séparés de Dieu. C'est pourquoi aujourd'hui encore nous éprouvons une telle difficulté à croire que notre cœur, notre esprit et notre corps soient le cœur de Dieu, l'esprit de Dieu et le cœur de Dieu.

Alors, même si tout au long de l'histoire, les êtres humains ont cru que Dieu existait dans le ciel, tant qu'ils ne croiront pas que Dieu existe dans leur cœur, aucune relation entre eux ne pourra jamais commencer. C'est ce qui fait que tant de personnes espèrent voir venir le Jour où elles pourront avoir une connexion avec Dieu. Mais pour que ce jour arrive, il nous faut accepter d'endosser la responsabilité de prendre soin de notre cœur tout comme nous prenons soin d'un enfant nouveau-né. Et à travers ce processus de prendre soin de notre cœur, nous pourrons enfin rencontrer Celui qui nous a promis : « celui qui boit l'eau que je lui donnerai n'aura plus jamais soif, mais l'eau que je lui donnerai sera en lui une fontaine d'eau jaillissante en vie éter-nelle » (Jean 4 : 14-15).

Si nous croyons donc que notre cœur est le cœur de Dieu, et que notre esprit et notre

corps puissent être faits à l'image de Dieu, nous pouvons assurément commencer à guérir Dieu de Sa douleur de n'avoir jamais eu d'enfant qu'Il puisse appeler Ses Fils et Filles bien-aimés.

Que Dieu vous bénisse, vous qui voulez être béni.

Suivez la Loi de la Créativité

Le bonheur ne pourra nous arriver que si nous trouvons une idéologie qui puisse nous permettre de vivre harmonieusement. Mais avant de faire cela, nous devons étudier les différentes idéologies qui existent déjà dans le monde d'aujourd'hui et examiner ce monde en tant que résultat de toutes ces idéologies.

La vie qui nous entoure est-elle faite de douceur et de bonheur ou comporte-t-'elle beaucoup de luttes et de conflits ? Si nous regardons ce qui se passe autour de nous, nous voyons la réalité d'un monde en proie à des conflits à tous les niveaux: conflits dans les familles, dans la société et dans les nations. Il semble faible de dire que notre monde est en crise.

La raison de tous ces conflits est que, à l'intérieur même des êtres humains, existent deux principes en conflit l'un avec l'autre : le principe de créativité et le principe de destruction. Cela veut dire que les êtres humains ont, d'une part, le désir de créer, et d'autre part, ils ont également une autre tendance qui les pousse à détruire tout ce qui existe ; c'est ce que nous pouvons appeler le principe de destruction. Ces désirs conflictuels à l'intérieur des humains vont se refléter en deux principaux courants au sein de chaque société, de chaque nation et même dans le monde entier.

Deux Principes Conflictuels

En regardant avec attention ces deux courants, nous pouvons observer que l'un va chercher à saccager tout ce qui a été créé tandis que l'autre va s'efforcer de redresser tout ce qui a été détruit ; si nous devions faire un

choix entre ces deux principes, je pense que la
plupart d'entre nous préfèrerait le principe qui
cherche à construire plutôt que celui qui détruit : parce que ,lorsqu'on détruit ce qui existe,
on en arrive au point de ne laisser finalement
derrière soi que la trace d'une terre aride ou un
d'un désert.

Quand nous observons le monde de
l'agriculture, nous pouvons voir qu'une terre
qui a été longtemps exploitée sans avoir reçu
d'engrais va devenir sterile ; par contre, une
terre qui a été bien fertilisée va produire en
abondance toutes sortes d'arbres et de plan-
tes pour notre plus grand plaisir. De ce point
de vue, nous pouvons tous admettre que le
principe de créativité—ou de construction—en-
gendre une plus grande prospérité que l'autre
principe. Nous devons néanmoins prendre conscience que les deux principes coexistent dans
notre vie : cela veut dire que si nous choisissons
le principe qui nous aide à créer et développer
un caractère positif, il y aura toujours une autre force en nous qui travaille dans la direction
opposée et veut nous empêcher de suivre les
principes de la philosophie constructive. De

la même façon, si nous choisissons de suivre le principe de destruction, la force de créativité en nous va s'affaiblir de plus en plus jusqu'à ce que nous ne ressentions plus aucun désir de faire quoi que ce soit pour les autres.

Il est important de comprendre qu'en choisissant de suivre le principe de créativité, nous choisissons en même temps de nous séparer du chemin créé par le point de vue destructif. Cette séparation va faire émerger deux groupes bien distincts dans la société. Même si un grand nombre de personnes remarque que notre société ou nos foyers manquent d'unité, elles ne voient pas que la cause de cette désunité réside dans ces deux principes conflictuels. A première vue, l'existence de ces deux tendances ne nous saute pas aux yeux mais en réalité on ne peut pas l'empêcher d'exister.

C'est à cause de ces deux principes, l'un qui met de la valeur sur la créativité et l'autre sur la destruction que, dès qu'une personne se positionne d'un côté, les personnes qui suivent l'autre principe se retrouvent forcément du côté

opposé. C'est pour cela que, selon le côté où ils se trouvent, les gens vont s'accuser mutuellement et d'autant plus si quelqu'un change de principe et passe de la créativité à la destruction ou vice-versa ; du fait qu'elles sont passées « de l'autre coté », ces personnes vont se faire accuser par le coté opposé. Pourtant, les personnes qui accusent font rarement l'effort d'examiner les raisons qui ont poussé les gens à changer de camp.

Pour illustrer ce point, prenons l'exemple d'une nation qui a choisi de défendre et de propager le principe de destruction partout où elle s'engage. Si, au sein de cette nation, un groupe de citoyens choisissait de désapprouver cette philosophie, au risque même de se faire accuser de vouloir diviser la nation en deuxcamps, ces citoyens néanmoins, feraient lever un grand espoir. Toutefois, si ce groupe ne parvient pas avec succès à se séparer des autres forces d'opposition, il n'y aura pas de changement dans la destinée de cette nation: elle est condamnée à se maintenir dans sa théorie de destruction—ou de vide—et de la propager également aux nations voisines.

Tout au long de l'Histoire humaine, il est souvent arrivé qu'un petit groupe de personnes choisisse une philosophie créative au sein d'une nation qui obéissait aux lois d'une philosophie destructive. Quand ce groupe a pu l'emporter, il a permis à la nation de développer davantage de bonté. Et avec le temps, un tel groupe est devenu le moteur de la nation toute entière qui a ainsi pu transformer sa destinée et passer de nation destructive à une nation constructive.

Alors, si une telle situation devait se produire et triompher dans une nation, nous pourrions remercier ces personnes ou ces groupes qui ont réussi à survivre au milieu d'immenses difficultés et d'épreuves, tout en gardant leur conviction : vivre selon le principe de créativité apporte beaucoup plus de bienfaits que vivre selon le principe de destruction.

Nous avons cependant été également témoins de la situation oppose : c'est-à-dire qu'une nation valorisant les idées positives et la foi dans la bonté, va se retrouver face à un groupe d'individus rebelles qui estiment que cette nation ne correspond pas à leur vision. Ces individus vont s'unir et créer un groupe

d'opposition dans le but de se séparer des principes de cette nation. Ce groupe va vivre aussi
en surmontant les difficultés et les épreuves
car ils ont l'espoir d'influencer les citoyens
de cette nation à croire dans les principes de
destruction.

Mais, nous pouvons constater que, quels
que soient les principes que le nouveau groupe
choisit pour atteindre son but, si la stratégie
reste la même les résultats seront différents.
Comme ce conflit peut se voir à une plus
grande échelle dans une nation, nous pouvons
en déduire que ces forces conflictuelles doivent avoir pris racine initialement à l'intérieur
des êtres humains.

Pour voir si c'est juste, il serait sage d'examiner
si les êtres humains ont bien en eux les carac-
téristiques de ces deux principes. En fait si
ces deux principes conflictuels n'existaient
pas dans les êtres humains, nous verrions alors
qu'ils agissent dans leur vie selon un seul de ces
principes, soit en vivant à 100% selon le principe
de destruction, soit en vivant à 100% selon le
principe de créativité. Et même s'il nous arrive
de rencontrer parfois quelqu'un qui vive avec

100% de créativité ou 100% de destruction, la plupart du temps, nous constatons un mélange de ces deux principes dans une même personne. Nous pouvons cependant remarquer que, si nous comparons le monde d'aujourd'hui à celui des époques précédentes, il semble que, de nos jours, ces deux aspects à l'intérieur d'une personne soient moins extrêmes.

On pourrait donc dire que le monde est arrivé à un plus grand équilibre en se maintenant peut-être à cinquante pour cent du côté créatif et à cinquante pour cent du côté destructif. Ainsi, pour être arrivé au moins à cet équilibre, nous pouvons conclure que les êtres humains ont remporté d'incroyables victoires. Mais même si l'humanité a gagné certaines victoires, il faut se demander comment un pays peut arriver à progresser s'il ne fait que maintenir son équilibre entre deux forces. Nous pouvons comprendre la difficulté d'un tel pays parce que même s'il se trouvait quelques personnes ou groupes avec un fort désir de suivre le principe de créativité ce serait très dur.

En effet ceux qui recherchent le principe de négativité résisteront toujours à tout ef-

fort visant à renforcer la bonté.
Tout autour de nous
comme dans le monde
entier, nous pouvons con-
stater que le principe de
«l'un contre l'autre» semble
prévaloir partout. Il en résulte que
la nation n'a pas d'autre choix que d'accepter
la coexistence de ces deux forces jusqu'à ce
que naisse une force supérieure qui relève le
défi pour sortir enfin le pays de cette impasse.
Ceci nous amène à admettre que, pour qu'une
nation avance d'un côté comme de l'autre, il
faut d'abord que le travail s'effectue au niveau
individuel.

Nous pouvons nous demander si les êtres
humains sont capables de renforcer leur côté
de créativité au détriment de leur côté destructif jusqu'à ce qu'il ne subsiste plus même un pour
cent de ce côté destructif en eux. A vrai dire,
si quelqu'un, en proie à ces deux forces oppo-
sées, décidait d'ajouter ne serait-ce qu'un pour
cent à l'une de ses fores, ce serait déjà assez
pour raffermir un côté et affaiblir l'autre ; mais
pour que tous les êtres humains décident d'en

faireautant, c'est d'abord à chacun de nous individuellement de commencer. Et un jour finalement, l'équilibre de la nation tout entière pourra être instauré.

Cette prise de conscience nous amène à nous demander non seulement quel est le côté que nous voulons développer à l'intérieur de nous, mais aussi dans quelle direction nous désirons voir notre nation basculer. Est-ce que nous voulons que notre nation accentue sa philosophie de destruction ou au contraire qu'elle développe sa philosophie de créativité? Nous pouvons voir à présent que la direction qu'une nation va prendre dépend en grande partie de la philosophie que chacun de ses citoyens choisit de suivre. Si une personne désire avoir en elle cent pour cent de bonté , elle doit augmenter le niveau de sa bonté en commençant par un pour cent, puis deux pour cent, trois pour cent et ainsi de suite, ce qui fera diminuer dans la même proportion le côté destructif en elle.

Sans cette prise de conscience au niveau individuel, notre désir de voir notre nation se transformer en une nation de bonté absolue restera une bonne théorie mais ne pourra jamais devenir une réalité. Une personne qui passe cinquante pour cent de son temps sur son côté positif et les cinquante autres pour cent sur son côté négatif suit la même loi : elle ne peut que rêver de devenir vraiment bonne, car sans une ferme determination de renforcer un côté au détriment de l'autre, elle ne pourra jamais changer le sens de sa destinée. Si beaucoup de personnes travaillent à parfaire et répandre leur bonté, elles vont former un groupe qui arrivera, avec le temps qui passe à influencer la nation. Et si pour quelque raison un grand nombre de nations décide de prendre le chemin de la créativité, ces nations toutes ensemble pourraient bien influer sur la direction du monde.

Dans le cours de l' Histoire comme à notre époque, de nombreuses personnes ont mené leur vie dans le but bien précis de changer le monde. Mais en dépit de nos bonnes intentions, nous devrions nous demander s'il est vraiment possible de créer un monde de bonté absolue sans qu'au préalable chacun d'entre nous qui participe à ce monde n'augmente en lui-même son propre niveau de bonté au quotidien. La réponse évidemment est : « non, cela n'est pas possible ». Pourtant, si nous comprenons que, pour établir un monde de bonté absolue, nous devons retirer ce qui est mauvais en nous, alors, avec le temps et les efforts adéquats, nous pouvons avoir la certitude d'arriver à ce monde de bonté tant désiré. En même temps, nous devons savoir que, si nous choisissons d'augmenter ce qui est bon tout en retirant ce qui ne l'est pas, nous allons nous retrouver en confrontation avec notre côté opposé. Une fois ces deux considérations admises, nous sommes face à face avec nous mêmes pour décider de quand nous allons vraiment changer.

La Philosophie de Construire La Bonté

Nous savons dorénavant ce qui manque pour nous empêcher d'expérimenter le monde d'absolue bonté auquel tant de nous aspirons.

Cette situation pourrait être comparable à quelqu'un ayant le désir de construire une maison mais qui ne se munirait pas au préalable de ciment et de briques qui sont pourtant les matériaux essentiels à cette construction. Alors, si nous désirons sincèrement travailler d'une certaine manière à la paix du monde, nous devons d'abord nous concentrer sur comment devenir une personne sans plus aucun conflit en elle, avec en fin de compte, tout le monde engagé dans ce même effort si l'on veut que la paix à cent pour cent existe sur la terre. Si nous comprenons cela, nous pouvons nous demander s'il existe une philosophie assez puissante pour nous aider à nous transformer de personne de bonté relative en une personne de bonté absolue .

La Philosophie De Ne Pas Juger Les Autres

Selon certains récits historiques, nous avons appris qu'un prophète, connu de beaucoup sous le nom de Jésus, est venu sur terre en nous apportant des paroles bien spéciales;

certaines de ses paroles nous recommandent de ne pas juger parce que, si nous jugeons les autres, les autres nous jugeront aussi. Il est également rapporté que Jésus nous a demandé de faire aux autres ce que nous aimerions qu'ils fassent pour nous.

A première vue, nous pouvons penser qu'une telle philosophie risque de nous rendre vulnérables parce qu'elle permet à chacun de faire sa propre loi, que ce soit celle de la créativité ou celle de la destruction. Pourtant, si nous examinons à qui s'adressait cette théorie, nous pouvons supposer qu'elle a été donnée à toute l'humanité pour lui permettre d'atteindre un niveau de bonté absolue qui puisse se répandre ensuite dans le monde entier.

Certaines personnes, néanmoins, pensent que nous devrions juger les autres, parce que sinon, nous risquons de devenir des personnes faibles, incapables de nous protéger. Tout au long de leur longue histoire, les êtres humains ont eu tout le temps nécessaire pour penser à cette théorie. Mais en dépit de la somme énorme de pensées différentes, les humains se sont toujours heurtés à la difficulté de choisir la pensée la plus haute : celle capable de leur faire atteindre le but de la bonté absolue. Quel que soit le choix que les êtres humains ont finalement adopté, nous devrions avoir la sagesse de nous demander si ce choix les a conduit à developer un caractère plus beau ou plus destructeur.

Il est interessant de remarquer que, si les êtres humains étaient nés sans aucun conflit intérieur—mais avec seulement une absolue bonté—aurait-il été nécessaire qu'un prophète apporte à toute cette humanité des paroles telles que « ne jugez pas » ? Ou alors peut-on supposer que les être humains ont en eux une autre force en plus de celle de la bonté et que c'est la raison pour laquelle la recommandation de ne pas juger a été donnée ?

Réfléchissons un instant à cette situation en la comparant à notre corps physique. Par expérience, nous savons que si notre corps est en bonne santé, nous n'avons pas besoin de prendre de medicaments ; mais dès que notre corps s'affaiblit ou tombe malade alors là, nous recherchons un remède pour le rétablir. Si nous appliquons cet exemple à notre car-

actère, nous pouvons comprendre que la philosophie de « ne pas juger » a été donnée dans
le même but : remettre notre esprit en bonne
santé ou rapprocher le plus possible notre caractère de la parfaite bonté. En nous basant
sur cette possibilité, nous pouvons en déduire
que le caractère des êtres humains a été affaibli
ou « abimé » par une force autre que la force de
bonté. Il serait logique d'admettre que, dès le
début de notre existence, notre vie a démarré en
mauvaise santé avec deux natures conflictuelles
à l'intérieur de nous : l'une désireuse de créer
de bonnes choses positives et l'autre   cher-
chant à détruire la bonté. Dans ce cas, on peut
comprendre que cette loi de ne pas juger a été
donnée à l'humanité dans le but d'affaiblir cette
nature de destruction qu'elle porte en elle.

Parvenir à Un Etat De Bonne Santé

Avec une sagesse semblable à celle d'un
docteur, celui qui a donné les mots « ne jugez
pas » doit l'avoir fait dans l'espoir de voir
l'humanité les mettre en pratique pour rétablir

la santé de son état intérieur. Toutefois, si certaines personnes se considèrent déjà en bonne santé, trouvant normal d'avoir deux natures contradictoires en elles–mêmes, nous pouvons alors supposer qu'elles ne voient aucune valeur dans les mots « ne jugez pas » et qu'elles ne les mettront jamais en pratique. Mais tous ceux qui trouvent que vivre dans un état de perpétuel conflit intérieur est signe de mauvaise santé, seraient certainement contents de connaître quelques paroles bénéfiques susceptibles de les aider à se rapprocher d'un état d'être plus sain. Si l'on veut donc comprendre la valeur de ces mots « ne jugez pas » il faut d'abord savoir en quoi consiste le fait d'avoir deux natures contradictoires.

Pour commencer, si quelqu'un veut créer quelque chose, cela veut dire que cette personne a une idée qu'elle souhaite exprimer et réaliser dans la matière. Si cette matérialisation aboutit, cette personne saura alors qu'elle a suivi le prin-

cipe de créativité. D'autre part, si quelqu'un a aussi une idée qui lui vient à l'esprit, mais qu'au lieu de l'exprimer d'une manière visible, il la repousse avant même de la concevoir, c'est à cause d'une force qui a surgi soudainement pour anéantir cette idée. Cette lutte se passe à l'intérieur de chaque personne selon la force qui la domine à un moment donné. Quelquefois, ce sera le principe de créativité qui passera sans être arrêté, d'autres fois, même si la personne éprouve le désir de faire quelque chose de positif, elle verra une autre force opprimer son idée.

Si l'on comprend que ce conflit se passe dans toute personne, on peut alors imaginer sans difficulté que, lorsque deux personnes ou plus se rencontrent, l'une d'elles va, consciemment ou non, se mettre en position d'initier de bonnes idées positives, tandis que l'autre personne au contraire va prendre la position de s'opposer, détruire ou dévaloriser les idées de la première personne. Il est possible qu'elle agisse ainsi parce qu'elle se ronge d'inquiétude à la pensée que la première personne puisse avoir une meilleure idée qu'elle-même. Quoiqu'il en soit, si ces personnes se retrouvent assises autour d'une table, un grand silence va se faire au beau milieu de la conversation ; la personne dont la philosophie est de toujours dire « non » va souvent l'emporter tandis que celle qui avait beaucoup d'idées créatives bat en retraite et perd le débat.

Sur la base de cet exemple on peut s'accorder et dire qu'il existe bien deux forces à l'intérieur de nous-mêmes : l'une mettant la valeur sur la bonté, proposant de nombreuses idées et nous encourageant à devenir créatifs, et une autre force qui cherche à empêcher la bonté de s'exprimer en bloquant toute idée au stade même de sa conception c'est-à-dire lorsqu'elle est encore dans notre cerveau. Nous pouvons donc clairement voir l'existence d'un côté qui veut s'exprimer dans une forme de créativité et d'un autre côté qui veut nous opprimer et nous garder toujours petits. Tant que cette force d'oppression dominera ou égalera la force de créativité, nous resterons toujours une personne qui se soumet ou qui est opprimeée sans pouvoir devenir quelqu'un capable de créer.

Nous pouvons nous demander que faire dans une situation où la personne qui opprime est plus forte que celle qui est dominée sans parvenir à se sortir de cette situation. A travers l'Histoire, nous savons que lorsqu'une telle situation s'est produite dans différents pays, tous ceux qui étaient opprimés ont survécu dans l'espoir de voir émerger quelqu'un d'extérieur à leur pays, qui puisse les aider à repousser leur oppresseur. Mais la vraie question qui nous concerne tous est: cet oppresseur, est-ce qu'il peut être retiré de nous memes ? Si nous pensons que chaque personne vit à l'intérieur d'elle-même dans le même état de siège que ces pays, c'est individuellement, alors, que nous devons trouver l'arme qui renforcera en nous le principe de bonté et nous permettra de chasser cet oppresseur qui nous tient emprisonnés depuis si longtemps. Dans ce sens ce serait extraordinaire de trouver quelque chose capable d'aider la force de la bonté à repousser la force de

destruction qui essaie constamment de nous domineer.

Si une certaine personne peut découvrir une telle arme, et accepter de l'utiliser, je pense alors qu'il y a de l'espoir pour que la force de créativité l'emporte sur la force de destructivité. Mais quelle peut bien être cette arme capable d'affaiblir l'oppresseur jusqu'au point de finalement l'éliminer ? Il serait logique de penser que cette arme vienne d'une personne qui se sente passionnément concernée par les êtres humains et les revête d'une telle valeur que son plus grand souhait soit de les voir se développer en personnes de créativité. En effet même si l'humanité a remporté de nombreuses guerres contre toutes sortes d'oppresseurs venus pour conquérir leur pays ou d'autres nations, en ce qui concerne la guerre à l'intérieur d' eux-mêmes, les êtres humains n'ont encore jamais été victorieux ; à vrai dire, même si nous savons que cette guerre en nous-mêmes est bien réelle, quand la bataille fait rage, il devient difficile de savoir où est notre ami et où se trouve notre ennemi, compliquant la situation à un tel point que nous ne sommes plus sûrs du tout de ce qui est juste et de ce qui ne l'est pas.

La Valeur Des Mots

Nous connaissons l'expression « la parole est un glaive » : nous pouvons donc nous demander quelle peut bien être cette parole capable de nous donner la force de lutter contre notre côté négatif et de nous raffermir en valorisant notre côté positif ?

A première vue il peut paraître que toute pensée ou toute parole soit neutre ; mais nous devrions vraiment examiner de plus près si c'est vrai ou si c'est faux ; chaque pensée ou chaque parole que nous exprimons est-elle vraiment neutre ou bien, selon le cas, développe-t-elle en nous comme un territoire de négativité ou de bonté ? Si nous prenons par exemple les mots « aimez-vous les uns les autres comme vous vous aimez vous-mêmes », sont-ils une bonne arme qui développe un peu plus notre territoire de bonté ? Mais qu'en est-il de mots comme « allez juger les autres, car ils le méritent ! » ... si on met vraiment ces mots en pratique, développeront-ils notre territoire de bonté? C'est la question. La plupart des mots de notre vocabulaire sont des armes qui, selon l'usage que nous en ferons, ne développeront pas nécessairement le même territoire. Sur la base de cette hypothèse nous pouvons nous accorder à reconnaître l'importance de savoir discerner quelle arme il nous faut choisir pour développer tel territoire ou tel autre.

Deux Situations Bien Différentes

Imaginez-vous en train d'observer quelqu'un qui plante de jolies fleurs dans son jardin. Face à une telle situation, est-ce que vous considérez que cette personne est en train de semer de la positivité ou de la destruction ? Imaginez maintenant que vous regardez une autre personne qui, elle est en train d'installer une palissade en fils de fer barbelés tout autour de sa maison; est-ce que vous trouvez que cette personne aménage un territoire de positivité ou au contraire d'isolation et de négativité ? Je crois qu'il ne nous faudra pas beaucoup de temps pour conclure et dire quelle personne favorise le principe de créativité ou de bonté et quelle personne s'entoure avec le principe de néga-tivité ou de destruction.

Par conséquent, si nous observons sin-cèrement ces deux situations, nous ne pou-vons plus dire que n'importe quelle pensée, parole ou action produira un effet neutre en nous-mêmes ou dans les autres. De toute évidence, certaines pensées, paroles ou ac-tions favorisent l'emergence de la bonté ou de la beauté ; et ceci pourrait se traduire par l'aménagement d'un parterre de fleurs dans un jardin. A l'opposé, d'autres paroles ou actions produisent l'isolement ou la séparation, ce qui pourrait se voir dans l'édification d'un mur de barbelés ou d'une palissade bien épaisse aut-our d'une maison. Par conséquent, observons avec sagesse les pensées et les mots que nous utilisons chaque jour dans notre vie au cas où nous créerions quelque chose que nous ne dé-sirons pas du tout voir comme résultat. Est-ce que nous menons notre vie avec des mots tels que « aimez les autres comme vous désireriez qu'ils vous aiment » et « faites aux autres ce que vous aimeriez qu'ils fassent pour vous » ? Si nous mettons ces paroles en pratique, elles ne peuvent que nous conduire sur le chemin qui maintient et développe notre territoire de bonté.

Mais en dépit de l'existence de tels mots qui nous aident à paver notre chemin de bonté, nous nous retrouvons souvent en train de suivre un autre chemin qui se présente toujours à travers des pensées et des mots tels que « pourquoi ne pas juger les autres ? » ou « pourquoi ne pas t'opposer à ceux qui t'entourent ? » Même si ces mots peuvent nous sembler inoffensifs, comme la plupart des mots d'ailleurs, le fait de les suivre ouvre le chemin qui nous conduit à développer notre territoire de négativité ou de destruction. Nous pouvons conclure que les mots que nous choisissons de croire et de suivre ont la propriété d'augmenter le niveau de notre nature de bonté ou à l'opposé notre niveau de nature jugementale.

À une plus grande échelle, les mots que nous choisissons peuvent avoir un effet encore plus puissant. Par exemple, si nous observons comment les habitants d'un pays qui a mis sa valeur sur la bonté, vivent et se comportent, nous constaterons que leurs maisons n'ont presque pas de mur ou de barrière qui les entoure ; le paysage laisse apparaître un grand parc orné de fleurs ou d'arbustes et le seul bàtiment privé est celui de la maison d'habitation.

Quand une personne utilise fréquemment les mots d'un vocabulaire se rapportant à la créativité et au désir d'aimer les autres, son caractère de bonté va se développer et la rendre de plus en plus belle à chaque jour qui passe. Toutefois il se trouve assez peu de personnes qui aient l'audace de vivre tous les jours selon la loi de la créativité, spécialement si ceux qui les entourent ne prennent pas le même chemin ; en effet, toute personne qui a déjà essayé de vivre de la sorte, sait bien qu'au moment même où elle a pris cette décision, d'innombrables forces d'opposition se sont dressées sur son chemin au point de lui faire abandonner son désir qu'elle a souvent laissé tomber.

Le Champion De La Bonté

Pourtant, l'Histoire nous parle d'une certaine personne qui a eu le courage d'appliquer dans sa vie le principe d'aimer les autres au point même d'entrainerà sa suite plusieurs autres dans le même désir. Pour arriver à un tel but, cette personne doit avoir, tout au long de sa vie, agi quantités de fois selon le principe d'aimer les autres en refusant de suivre l'autre principe qui ne cherche qu'à opprimer et à détruire. En agissant ainsi, il est devenu le champion de la bonté.

Une personne comme Jésus, qui est devenu le champion de vivre pour les autres, doit avoir vécu sa vie d'une certaine manière pour gagner une telle victoire. Tout d'abord, c'est au niveau personnel qu'il a dû désirer plus que tout devenir une bonne personne. Et, pour atteindre un tel but, il a certainement dû appliquer le principe d'aimer les autres au lieu de les juger. Avec un tel exemple de vie, tous ceux autour de lui devaient se sentir très libres et inspirés en sa présence au point même de vouloir appliquer ce même principe dans leur propre vie. Mais, indépendamment du fait que certains aient ou non-appliqué ces principes, Jésus, lui, a continuellement persévéré dans sa bonté, devenant de plus en plus radieux au fur et à mesure que le temps passait. Même en proie à d'innombrables obstacles et épreuves douloureuses, Jésus a maintenu sa loyauté envers le principe de bonté, et est parvenu à devenir l'incarnation de celui qui aime les autres.

Imaginez qu'à sa suite, beaucoup de personnes aient pris ce même chemin, cela aurait formé une nation constituée de citoyens défendant le principe de vivre et d'exprimer autant d'idées qu'ils en recevaient. Et même s'il n'y avait eu qu'une seule nation dotée de ces principes, de tous les coins du monde, un grand nombre de personnes se seraient empressées de venir vivre dans un tel environnement.

Une Famille Qui Vit Selon Le Principe De Créativité

Le fait de se comporter avec positivité dans les différentes situations de la vie quotidienne présente un premier avantage : c'est de devenir

déjà, au niveau individuel, une meilleure personne ; par conséquent, lorsque nous deviendrons un jour un époux, une épouse, un père
ou une mère, nous ne trouverons pas si difficile
d'encourager notre famille à choisir le même
chemin. En effet, si des parents vivent avec le
principe de créativité, ils ne peuvent pas gronder
leurs enfants qui envahissent le salon de leurs
jeux bruyants ; ils ne peuvent pas non plus être
constamment derrière leurs enfants pour savoir
ce qu'ils font. Non, à la place, ces parents vont
autoriser leurs enfants à faire pleinement touts
sortes d'expériences de vie; élevés avec une
telle tolérance, les enfants ne peuvent que
grandir en se sentant entourés d'un cocon
de bonté ; cela leur permettra
de donner libre cours
à toutes leurs idées
qu'ils pourront exprim-
er et développer dans
toute leur plénitude.

Eduqués dans un tel
environnement, quand ces enfants à leur tour deviendront de jeunes
adultes, au lieu de se rebeller, ils auront une

attitude très positive envers leurs parents et n'éprouveront pas de difficulté à rester loyaux envers les principes qu'ils ont reçus d'eux. Quand nous apprenons à vivre en laissant un espace de liberté aussi bien à nous-même qu'à ceux qui vivent avec nous, par le fait d'accepter des idées et des façons d'être différentes des nôtres, nous donnons naturellement envie aux autres de prendre le même chemin.

Nous pouvons donc conclure qu'à l'intérieur d'une même famille, si le père et la mère acceptent de vivre la vie telle qu'elle se présente et s'exprime autour d'eux, les enfants de cette famille seront des enfants heureux. Ils pourront être libres d'expérimenter pleinement la vie, et même les enfants du voisinage se sentiront attirés par un tel foyer et demanderont à leur parents la permission de venir y rester du matin jusqu'au soir. De leur côté, les parents qui remarquent que leurs enfants en invitent beaucoup d'autres, sentiront qu'ils ont réussi à transmettre à leurs enfants leur philosophie de vivre avec bonté. Leur vraie joie sera de voir leurs enfants accepter d'autres enfants avec le désir qu'ils fassent partie, eux aussi, de ce royaume de bonté.

Rester Vigilant Envers La Loi De La Creativité

Toutefois on ne peut arriver à ce niveau de bonté sans expérimenter une certaine forme de résistance. A chaque nouvelle étape du chemin, nous allons rencontrer une opposition provenant de la force contraire. En d'autres termes, chaque fois qu'une personne ou un groupe de personnes va choisir de suivre la voie qui élargit son champ de bonté, l'occasion de choisir une autre voie—celle de la négativité—va se presenter, et il semblera toujours plus facile d'aller dans le sens du courant, c'est-à-dire de choisir le point de vue négatif. C'est une tâche complexe de suivre la voie de la bonté, cela nous demande d'être vigilants envers la loi de la créativité dans n'importe quelle activité où nous nous trouvons engagés.

Il est donc impératif de bien savoir quelle sorte de personne nous voulons devenir. Mais même en étant bien clairs dans notre esprit,

nous devons garder à la conscience que cette route
que nous choisissons
sera bien des fois une
route très solitaire
parce qu'elle est la
route la moins fréquentée.
Quiconque perdrait de vue
son but, se retrouvera vite face à ses
seuls instincts quand il devra se confronter à
des situations qui le mettent au défi. Cette
personne se verra répondre instinctivement
avec agressivité car elle n'a pas analysé quelle
pensée elle aurait dû choisir. Au bout d'un
certain temps, le caractère de cette personne
va se transformer, devenir négatif et toujours
en train de rouspéter. Cela peut lui donner
un certain choc, parce que, peut-être dans sa
jeunesse, cette personne était plutôt calme et
réceptive envers ce que la vie lui donnait ; ce
phénomène peut arriver assez tôt dans la vie de
quelqu'un ou au contraire au bout de plusieurs
années. En effet, une fois que les êtres humains
ont construit certaines habitudes mentales ou
certaines façons de réagir, ce schéma devient

un instinct chez eux. Et si une personne ne se comporte que selon son instinct, son caractère peut changer très rapidement.

Ceci s'applique aussi bien si l'on développe des habitudes centrées sur la négativité ou sur la positivité. Dès qu'une habitude se développe en nous, elle forme un mécanisme qui va très vite nous transformer et nous amener dans une certaine direction. Si nous allons dans la direction de la bonté, c'est extraordinaire, mais cela l'est beaucoup moins si nous fonçons dans la direction de la destruction. Quand quelqu'un arrive au point de juger systématiquement les autres, ce n'est plus sa raison qui dirige ses actes. Il va très vite découler que cette personne va substituer sa nature de bonté au profit d'une autre nature opposée qui n'est faite que de négativité. Ce déclin, alors, peut se mesurer à la vitesse avec laquelle on tomberait du haut d'une falaise.

Le fait que les humains ont la possibilité de chuter si rapidement, nous aide à mieux comprendre pourquoi les paroles de bonté ont été données en premier à l'humanité. C'était peut-être pour éloigner les gens de la falaise ou pours'assurer qu'ils ne tombent pas de cette falaise ? La plupart d'entre nous connaissons la Parole que Dieu a donnée à l'humanité au début de la creation : c'était : « ne mangez pas du fruit du mal ». Ces paroles furent données aux humains dans l'espoir qu'ils ne s'éloignent pas de l'amour de dieu en chutant, mais qu'ils restent bien au contraire dans le « jardin ».

Dans le cours de l'Histoire encore plus proche de nous, nous avons connu deux nations devenues ennemies pour avoir fait un choix basé sur deux principes bien différents ; l'espoir était qu'elles n'utilisent pas les armes pour s'affronter mais gardent un certain équilibre l'une envers l'autre, même si chacune pensait qu'elle pourrait se montrer plus violente que l'autre. Nous appelons cette époque « la guerre froide ». Bien que ces pays se soient montrés très accusateurs l'un envers l'autre, ils ne se sont pourtant pas engagés ouvertement dans une guerre. Ils ont au moins résisté au désir de s'entretuer et en retirant leur volonté de tuer, ils ont réussi à coexister et rétablir entre eux une certaine relation.

Ainsi, c'est pour que la force de la bonté puisse au moins coexister avec la force de destruction que les mots : « ne tuez pas » ou « ne jugez pas » ont été donnés à l'humanité dans l'espoir qu'un pays décide un jour de renforcer sa bonté en abandonnant derrière lui son côté obscur. Il est vrai que le seul fait de diminuer la tendance au jugement ne garantit pas qu' à une plus grande échelle, un pays développe automatiquement la force de sa bonté ; mais cela permet au moins d'atteindre un équilibre entre les deux forces et nous pouvons déjà considérer cela comme un accomplissement en soi.

Toutefois, est-ce que nous voulons simplement empêcher cette nature destructive de progresser davantage ou est-ce que nous cherchons surtout à développer notre nature de bonté ? Nous devons donc rester vigilant envers le principe que nous suivons.

En ce qui concerne la relation parent-enfant, nous avons tous déjà observé comment les parents se comportent avec leurs enfants; nous pouvons aussi nous pencher sur notre attitude à l'égard de nos propres enfants : en tant que parents, il nous semble souvent être en droit de juger nos enfants, peut-être parce que nous les croyons trop immatures pour comprendre ce qu'ils font. Par conséquent nous sommes souvent en train de courir derrière eux en leur demandant ce qu'ils font ; et si nous nous montront trop critiques, les enfants n'auront plus envie d'entreprendre quoi que ce soit.

Mais, est-ce que vous pensez que les parents désirent que leurs enfants ne s'intéressent plus à rien et même les rejettent ? Non, bien sûr, cela ne fait pas du tout plaisir aux parents. Est-ce que des parents peuvent être satisfaits de voir que leurs enfants ne trouvent pas le principe de la bonté ? Non, parce qu'ils savent que cela condamne leurs enfants à prendre la voie de l'accusation, comme eux-mêmes l'ont prise aussi. Mais le pire serait s'il arrivait que ces enfants ne veuillent plus jamais revoir leurs parents.

Briser Le Cycle De Ce Conflit

Nous pouvons donc voir combien il est important de réflechir sur le chemin que nous allons prendre ; que nous soyons des parents ou des éducateurs, le chemin que nous avons choisi va individuelle, mais influencera aussi quelqu'un affecter non seulement notre destinée d'autre sur notre route.

Vous rappelez-vous que vous vous étiez bien promis que vous seriez différents de vos parents lorsque votre tour viendrait d'avoir vos propres enfants ? Pourtant, la plupart des parents se retrouvent avec le même comportement que leurs parents avaient avec eux et le cycle continue ainsi en se répétant. Nous savons qu'une personne qui n'a pas d'espoir dans sa vie non seulement se détruira elle-même mais occasionnera également beaucoup de dégats chez une autre personne. Ce conflit qui parfois prend des proportions extrêmes, peut s'accompagner d'une telle force de destruction que la personne sera incapable de voir quoi que ce soit de bon dans le monde. Si quelqu'un, un groupe de personnes ou même un pays entier arrive à conclure qu'il n'existe nulle part un peu de bonté, ces personnes vont penser que la seule façon pour elles de garder leur illusion est de se déclarer être le nouveau standart de bonté. Cette affirmation va les pousser à attaquer les autres, puisque, comme eux-mêmes ne sont pas heureux, les autres non plus n'ont aucun droit au bonheur.

Quand nous comprenons vraiment cette réalité, nous ne pouvons ressentir que de la compassion envers toutes ces personnes, groupes ou nations, parce que nous réalisons que la force de destruction est devenue la force principales à l'intérieur d'eux. En d'autres termes, leur force de bonté n'a pu se developer. Il serait sage donc de nous éduquer de sorte que notre nature de bonté puisse survivre et se développer au détriment du côté sombre de notre nature. Toute personne qui a un peu de réussite en ce domaine sait bien que le fait de choisir une attitude positive est déjà un début pour développer sa nature de bonté.

Chaque matin, dès l'aube, la lumière s'élève à l'horizon ; et au fur et à mesure que le ciel devient de plus en plus lumineux, l'obscurité disparaît. Si la lumière du jour n'arrivait pas et si la nuit seule existait, l'obscurité subsisterait de manière permanente. En comprenant ce phénomène, même si nous avons un grand désir d'accuser quelqu'un, nous devons nous rappeler que c'est seulement en recevant la lumière que cette personne sera délivrée de son côté obscur. Si nous persévérons dans notre choix de rester positif au lieu d'être négatif, la graine de bonté que chacun porte en soi s'épanouira et se multipliera ; plus nous choisirons d'être positif, plus nous découvrirons la lumière qui brille et se développe en nous.

Au fur et à mesure que nous apprenons à maintenir en nous ce niveau de lumière, en essayant de garder partout où nous allons une attitude positive, le jour arrivera où nous serons capables de retirer l'aspect sombre de nous-mêmes, ce côté qui a tant lutté pour coexister avec notre force de bonté. Mais pour développer ce côté de bonté, nous devons accepter toutes les situations et toutes les personnes dans notre vie. Elles aussi ont le droit d'exister et de developer leur propre part de créativité ; nous devons permettre à chacun d'exprimer ses pensées ou ses idées et de développer sa créativité personnelle ; plus nous laisserons d'espace à ceux qui vivent autour de nous, plus nous rendrons notre esprit positif.

Permettre Aux Autres De Vivre Autours De Nous

Votre esprit, toutefois, a souvent tendance à vouloir tout savoir et contrôler ce qui se passe autour de vous. Quand vous vous surprenez avec cette sorte d'attitude, vous feriez mieux de ralentir et reconnaître que vous êtes entré en relation avec la partie obscure de vous-même ; si vous persistez à vivre avec cette attitude vous ne pouvez que renforcer ce côté obscur et condamner de plus en plus rapidement la personne qui se trouve autour de vous ; vous pouvez même arriver au point de savoir intuitivement ce qu'elle va dire ou faire et avant-même qu'elle ait eu le temps de faire un geste, vous allez vous entendre dire quelque chose de négatif à son sujet.

Quelle est donc la qualité que nous avons besoin d'acquérir pour apprendre à nous controller ? En premier lieu, il est essentiel d'apprendre à ralentir ; accordez-vous un petit moment pour avoir le temps de mettre de l'ordre dans votre pensée ; est-ce vous comprenez pourquoi le fait de ralentir puisse être considéré comme une qualité appréciable qu'il faut apprendre à developer ? Parce que cela vous donne le temps d'accepter les autres qui vont pouvoir ainsi avoir l'espace de découvrir leur propre nature de bonté. Quand vous vous déplacez avec lenteur, vous donnez à votre corps et à votre esprit de l'espace qui leur permet de choisir ce qu'ils vont dire ou faire ; et ce temps-là permet aussi aux autres personnes de formre leurs pensées et leurs idées. Quand vous vous permettez un certain temps de reflection avanr de parler, surtout si vous avez tendance à être négatif, vous laissez à l'autre personne une chance d'arriver à faire quelque chose avant d'être tout de suite bloquée.

Ce serait extraordinaire si tout enfant avait la chance

d'atteindre un certain niveau sans être étiqueté de « bizarre, impulsif » ou tout autre qualificatif. Si vous pouvez entrainer votre corps et votre esprit à ralentir leur jugement envers ceux qui vous entourent, vous arriverez à contrôler la force de destruction à l'intérieur de vous, cette force qui ne veut donner aucune chance de créer quoi que ce soit à toute personne à côté de vous. Mais en permettant aux autres d'exprimer leur créativité, ou leur nature originelle, vous développez aussi votre propre bonté ce qui fait que tout le monde en retire un bénéfice.

Accepter ce processus pour nous entrainer à garder notre territoire de bonté est comparable au fait de prendre une parcelle de terre aride et rocheuse et la développer. Plus notre terre sera fertile, et plus nombreux seront ceux désireux de venir s'y établir ; en termes humains, plus nous développerons notre bonté, plus les autres aimeront vivre autour de nous, et pas seulement pour quelques jours mais pour l'éternité. Si chaque personne choisit d'avoir un esprit positif plutôt que négatif et chasse la force d'oppression de sa nature originelle, la nation qui est constituée de tous ces citoyens basculera du côté positif également ; les citoyens de cette nation, au lieu de se harceler continuellement et de vivre dans la peur, connaîtront le plaisir d' échanger la beauté qu'ils ont construite en eux et le plaisir de vivre proches les uns des autres.

Quand finalement tous ceux qui vivent autour de nous auront une aura de bonté, nous placerons au plus haut point le fait d'appartenir au cycle de la vie et à la race humaine de bonté. En outre, quand les citoyens de tous les pays mettront la valeur sur l'importance d'être positif, beaucoup de guerres qui divisent encore tellement les peuples cesseront enfin d'exister; à la place les gens chercheront à communiquer entre eux au niveau de leur bonté parce que c'est ce dont ils ont le plus besoin pour retirer la part d'obscurité en eux. Finalement le jour où tous les êtres humains mettront leur ardeur à promouvoir la philosophie de la positivité, il n'y aura plus aucune nécessité de lire ces mots « ne jugez pas » parce qu'ils s'appliquent seulement au fait de maintenir les deux forces conflictuelles à l'état de neutralité ; à leur place, nous entendrons les mots appartenant au domaine de l'amour prendre de plus en plus d'importance. Si les êtres humains choisissent encore et toujours de développer la force de bonté en eux, au lieu d'accepter de cohabiter avec les deux forces neutralisées, nous commencerons alors à faire l'expérience d'une paix durable et non temporaire.

Chacun de nous doit décider de quel côté se tient le vainqueur et de quel autre est le perdant ; alors et seulement alors, les parents pourront vraiment déclarer que leurs enfants ne verront plus jamais de guerre. Si nous aimons réellement nos enfants, et nos petits enfants, nous devrions nous concentrer à remporter notre propre guerre personnelle, celle qui fait rage à l'intérieur de nous depuis le tout début de l'humanité.

Une Race Humaine De Bonté

Si nous voulons que nos enfants naissent dans un lieu où la bonté tient une très grande place, nous devons nous assurer, avant même

de leur donner naissance, que
la bonté en nous est plus
forte que la force de
destruction. Si nous
n'y parvenons pas, nous
ne transmettrons à nos
enfants que ce que nous
sommes arrivés à gagner. C'est
dans l'espoir qu'ils puissent faire m i e u x
que nous que nous leur passons le relais ; mais
même s'ils le reçoivent, s'ils refusent de livrer
bataille, avec la détermination de la gagner, ils
continueront seulement à vivre en neutralisant
les deux forces en eux ce qui est à peu près ce
que nous avons fait pour eux.

Un passage de la Bible dit « ce que vous liez
sur terre sera lié au ciel et ce que vous déliez
sur la terre sera délié au ciel ». Comment pouvons-nous comprendre ces paroles ? En ce qui
concerne la lutte entre la force de la bonté et
la force de la destruction sur la terre, nous ne
pouvons obtenir que ce que nous avons gagné
ou ce que nous avons perdu, cela constituera
notre gloire ou notre regret quand le temps
de quitter cette terre arrivera ; plus nous gag-

nerons, et, plus grande sera notre gloire, parce
que nous aurons développé la substance de
notre bonté pendant que nous étions encore
en vie sur terre.

Si notre désir est de voir un monde où
toutes les races, toutes les manières de vivre
et de penser, arrivent à coexister harmonieusement, c'est seulement en développant la force
de bonté que nous serons capables de nous
rencontrer comme de vrais frères et sœurs.
C'est le point de départ pour rendre visible le
royaume sur la terre ; par conséquent, c'est à
chacun de nous d'entretenir le désir etde faire
l'effort pour construire la bonté d'une manière
constante.

Notre terre alors deviendra un lieu où le
bonheur existe aussi bien en chacun de nous
qu'entre toutes les personnes. Quand nous
voyons chaque jour la tristesse des êtres humains, cela devrait nous stimuler à désirer faire
un effort pour devenir meilleurs qu'hier. Si vous
choisissez d'être victorieux sur la partie sombre
de vous-même, le Dieu de bonté de l'univers
vous reconnaîtra sûrement et vous deviendrez
une personne très importante à Ses yeux.

Vous apporterez déjà comme un baume à ce Dieu qui a dû regarder trop longtemps cette guerre se dérouler, bien plus longtemps encore que ce que nous pouvons imaginer. Et rappelez-vous que si vous choisissez de créer la bonté en vous, il y aura toujours de la bonté autour de vous. Seulement alors, vous pourrez découvrir qui vous êtes vraiment.

Que Dieu soit avec vous!